SERIE DE ESTUDIOS BÍBLICOS DE CHARLES F. STANLEY

CÓMO AVANZAR EN LA ADVERSIDAD

DESCUBRA LA FIDELIDAD DE DIOS EN TIEMPOS DIFÍCILES

CHARLES F. STANLEY

GRUPO NELSON
Desde 1798

NASHVILLE   MÉXICO D.F.   RÍO DE JANEIRO

Título en inglés: *Advancing Through Adversity*
© 2019 por Charles F. Stanley - Edición revisada y actualizada
Edición original copyright 1996 y 2008 por Charles F. Stanley
Publicado por Thomas Nelson Books, un sello de Thomas Nelson.
Nelson Books y Thomas Nelson son marcas registradas de HarperCollins Christian
Publishing.

Este título también está disponible en formato electrónico.

Editora en Jefe: *Graciela Lelli*
Traducción: *Mirtha y Ricardo Acosta*
Adaptación del diseño al español: *Mauricio Díaz*

ISBN: 978-1-40022-144-8
ISBN ebook: 978-1-40022-160-8

Impreso en Estados Unidos de América
21 22 23 24 25 LSC 9 8 7 6 5 4 3 2 1

CONTENIDO

Adoptemos una nueva perspectiva sobre la adversidad

Las librerías están llenas de textos de autoayuda; sin embargo, este se etiqueta mejor como un libro de «ayuda bíblica». Cuando la adversidad nos golpea, finalmente llegaremos al final de nuestra capacidad de ayudarnos a nosotros mismos. Nuestro punto final a menudo es el punto de inicio de Dios. La ayuda que Dios nos ofrece en su Palabra, la Biblia, es eterna, pero también oportuna.

Mi esperanza es que, a medida que usted participa en este estudio, se encuentre refiriéndose una y otra vez a su Biblia. La Biblia es la principal herramienta de comunicación de Dios. Es la fuente de sabiduría eterna. Es la referencia a la que debemos regresar continuamente para comparar lo que *está* sucediendo en nuestra vida con lo que *debería* estar ocurriéndonos y lo que *puede* sucedernos.

Por tanto, mientras participa en este estudio, le animo a marcar palabras específicas, subrayar frases y tomar notas en el margen de su Biblia cuando encuentre pasajes que le conmuevan. Aunque en este libro se ha provisto espacio para que usted apunte sus respuestas a cada una de las preguntas, también podría serle beneficioso registrar en la Biblia las ideas que Dios le dé, las cuales usted estará leyendo de manera regular después que haya completado este estudio.

Esta obra puede usarla solo o con varias personas en un estudio de grupo pequeño. En diferentes ocasiones se le pedirá que se relacione con el material en una de las cuatro maneras siguientes:

Primera, ¿qué ideas nuevas se le han ocurrido? Tome notas de las perspectivas que Dios le vaya revelando. Tal vez quiera escribirlas en su Biblia o en un diario separado. Mientras reflexiona en su nuevo entendimiento, es probable que comprenda el modo en que Dios se ha reflejado en su vida.

Segunda, ¿cómo se relaciona con el material? Usted enfoca la Biblia a partir de su formación exclusiva... su conjunto propio y particular de entendimientos sobre el mundo que trae consigo cuando abre la Palabra de Dios. Por eso es importante considerar de qué manera sus experiencias conforman su comprensión y le permiten ser receptivo a la verdad que Dios revela, aunque no necesariamente sea la que usted espera. Al hacer esto permite que la Palabra de Dios sea lámpara a sus pies y lumbrera a su camino (ver Salmos 119:105).

Tercera, ¿cómo se siente usted respecto al material presentado? Aunque no debe depender únicamente de sus emociones como indicador de su fe, es importante que esté consciente de sus sentimientos cuando estudia un pasaje de las Escrituras y que tenga la libertad de expresarle sus emociones a Dios. A veces el Espíritu Santo utilizará sus emociones para obligarlo a ver su vida de un modo diferente o desafiante.

Cuarta, ¿en qué manera se siente usted retado a reaccionar o actuar? La Palabra de Dios puede inspirarlo o desafiarlo a adoptar una acción particular. Asuma con seriedad este reto y encuentre maneras de seguir adelante. Si Dios le revela una necesidad particular que desea que usted satisfaga, tómela como una «orden de marcha». Él le conferirá poder para *hacer* algo con el desafío que acaba de darle.

Empiece y concluya con oración sus sesiones de estudio bíblico. Pídale a Dios que le dé ojos espirituales para ver y oídos espirituales para escuchar. Al concluir el estudio, pídale al Señor que selle lo que usted ha aprendido a fin de que no lo olvide. Pídale que le ayude a crecer en la plenitud de la naturaleza y el carácter de Jesucristo. Una vez más, le animo a mantener la Biblia en el centro de su estudio. Un estudio bíblico verdadero se mantiene enfocado en la Palabra de Dios y promueve fe creciente y mayor cercanía con el Espíritu Santo.

DIOS TIENE UN PROPÓSITO PARA TODO

EN ESTA LECCIÓN

Enseñanza: ¿Por qué vienen adversidades a mi vida?

Crecimiento: ¿Qué se supone que debo aprender de la adversidad?

La adversidad tiene un lado positivo. Comprendo que esta no es una declaración que tal vez se escuche con mucha frecuencia. Su respuesta podría ser: «¿En serio? ¡Usted no sabe por lo que estoy pasando!». Pero ver el lado positivo de la adversidad no es mera ilusión, negación de la realidad u optimismo irracional. Más bien es una declaración de fe. El lado positivo de la adversidad se arraiga en dos fuertes creencias.

Primera, *Dios tiene un plan y un propósito para la vida de cada uno de nosotros, incluido usted.* Si deseamos que se cumpla en nosotros el plan y el propósito de Dios, Él hará lo que sea necesario para cumplirlo. El Señor no se irá contra nuestra voluntad, pero si *nuestra* voluntad es hacer *su* voluntad, entonces moverá cielo y tierra para ver que su voluntad se cumpla en nosotros. Esto significa que Dios puede usar la adversidad para cumplir su plan, fomentar nuestros propósitos en la tierra u obrar sus designios en nuestra vida.

Segunda, *Dios puede hacer que todo resulte para nuestro bien, independientemente de la situación que enfrentemos.* Podríamos creer que nuestra vida se ha desbaratado y estropeado sin ninguna posibilidad de reparación. Pero la Biblia declara: «Sabemos que a los que aman a Dios, todas las cosas les ayudan a bien, esto es, a los que conforme a su propósito son llamados» (Romanos 8:28).

El Señor tiene una manera de arreglar las cosas de modo que de lo malo resulte algo bueno. Esa es su propia naturaleza como Redentor: tomar lo que nos esclaviza y utilizarlo para liberarnos. Cuando el Señor redime una situación, también envía un mensaje a otras personas que observan lo que Él hace en nosotros. Ese mensaje puede provocar muchas reacciones diferentes: desde convicción hasta arrepentimiento y alabanza. Lo que Dios hace para bien en nuestras vidas no se limita a nosotros. También es para los demás.

1. «Somos hechura suya, creados en Cristo Jesús para buenas obras, las cuales Dios preparó de antemano para que anduviésemos en ellas» (Efesios 2:10). ¿Qué significa que seamos «hechura» de Dios? ¿Qué dice esto acerca de los planes que Él tiene para usted?

2. ¿De qué forma tiende usted a percibir la adversidad? ¿Cuándo ha visto que algo bueno haya resultado de una época desafortunada en su vida?

....

....

....

....

....

LA ADVERSIDAD OCURRE EN CADA VIDA

Las pruebas son una realidad de vida en este mundo caído, tanto para el incrédulo *como* para el creyente en Cristo. Jesús manifestó que Dios el Padre «hace salir su sol sobre malos y buenos, y que hace llover sobre justos e injustos» (Mateo 5:45). También a quienes querían seguirlo les dijo exactamente lo que podían esperar de una vida rendida a Él: «Si alguno quiere venir en pos de mí, niéguese a sí mismo, y tome su cruz, y sígame» (Marcos 8:34).

Esta fue la manera de Jesús de advertir que, si vivimos de modo piadoso, si andamos en sus caminos y seguimos su voluntad, habrá ocasiones en que tendremos que hacer de lado todo lo que está dentro de nosotros: nuestros deseos, anhelos, objetivos y planes, a fin de hacer lo que Él quiere que hagamos. Habrá momentos en que enfrentaremos tiempos difíciles por nuestra fe. Jesús quiere que cada uno de nosotros sepa que ir en pos de Él no es un sendero fácil de recorrer.

Jesús incluso declaró: «Si alguno viene a mí, y no aborrece a su padre, y madre, y mujer, e hijos, y hermanos, y hermanas, y aun también su propia vida, no puede ser mi discípulo» (Lucas 14:26). Ahora bien, ¿qué quiso decir Jesús con esta declaración? Sin duda no quiso decir que debemos estar enojados, resentidos, ser hostiles y prácticamente odiar a nuestras familias. Más bien, Jesús quiso decir que a fin de ser obedientes a Dios, habrá épocas en que aquellos que más amamos no comprenderán cuando digamos: «Sé que esta es la voluntad de Dios para mi vida, y debo cumplirla».

Algunos estudiantes se me han acercado para decirme: «El Señor me ha llamado a predicar. Se lo dije a mis padres y están muy enojados conmigo. No quieren que yo predique. Gastan todo este dinero en mí para que obtenga una educación como ingeniero, administrador o lo que sea, y ahora les expreso: "Dios quiere que yo predique el evangelio". ¿Qué debo hacer?». Mi respuesta siempre es la misma: «Usted debe estar dispuesto a ser obediente a Dios, aunque haya quienes no comprendan su decisión. Confíe en que Dios lo cuidará sin importar lo que deba experimentar».

En el Sermón del Monte Jesús advirtió a sus seguidores acerca de la adversidad que habrían de enfrentar: «Bienaventurados sois cuando por mi causa os *vituperen* y os *persigan*, y digan toda clase de mal contra vosotros, mintiendo. Gozaos y alegraos, porque vuestro galardón es grande en los cielos; porque así persiguieron a los profetas que fueron antes de vosotros» (Mateo 5:11-12). Mucha gente cree que cuando nos volvemos cristianos las cosas simplemente se resuelven. Pero las palabras de Jesús revelan que algunas cosas se resuelven mientras que otras se enturbian. Lo que más importa es cómo respondemos a la adversidad que inevitablemente enfrentaremos.

En particular, tenemos que preguntarnos si nos acostumbraremos a alejarnos cuando las cosas no resultan como queremos o si permitiremos que Dios nos ayude a *avanzar* a través de la adversidad y así obtener beneficios. Jesús nos ha prometido la mejor vida posible, pues nos aclaró: «Yo he venido para que tengan vida, y para que la tengan en abundancia» (Juan 10:10). Pero Él nunca dijo que la vida sería siempre pacífica o llena de contentamiento. Jesús usa a veces las adversidades que nos vienen para mostrar a otros la obra redentora de Dios.

3. «Amados, no os sorprendáis del fuego de prueba que os ha sobrevenido, como si alguna cosa extraña os aconteciese, sino gozaos por cuanto sois participantes de los padecimientos de Cristo, para que también en la revelación de su gloria os gocéis con gran alegría» (1 Pedro 4:12-13). ¿Por qué debemos esperar que nos vengan pruebas, incluso si somos seguidores de Cristo?

....

....

....

4. ¿Qué significa ser «participantes de los padecimientos de Cristo»? ¿Por qué sería eso motivo de alegría?

....

....

....

....

....

....

5. ¿En qué momento debió usted enfrentar adversidad a fin de ir tras lo que sintió que Dios estaba llamándole a hacer? ¿Qué le ayudó a perseverar y seguir el propósito de Dios para usted?

....

....

....

....

....

NUEVA PERSPECTIVA SOBRE LA ADVERSIDAD

En el Evangelio de Juan leemos cómo Jesús enseñó esta lección a sus discípulos al curar a un ciego: «Al pasar Jesús, vio a un hombre ciego de nacimiento. Y le preguntaron sus discípulos, diciendo: Rabí, ¿quién pecó, éste o sus padres, para que haya nacido ciego?» (Juan 9:1-2). A los discípulos les habían enseñado toda la vida que la enfermedad era una señal del juicio de Dios. No tenían duda de que alguien había pecado para causar la condición de ceguera.

Jesús contestó: «No es que pecó éste, ni sus padres, sino para que las obras de Dios se manifiesten en él» (v. 3). Había un propósito en la adversidad del ciego. Los discípulos opinaban que esa ceguera era el *resultado de* algo malo. Sin embargo, Jesús les enseñó que esa aflicción *debía resultar en* algo bueno.

Observe que Jesús no dijo: «Este hombre es ciego porque pecó, pero de todos modos Dios va a usar esto». Esa sería una declaración mucho más fácil de digerir para nosotros. Por el contrario, Jesús declaró que Dios tenía un propósito superior a cualquier cosa que los discípulos hubieran considerado. Dios pretendía usar el milagro para producir algo positivo y eterno en el hombre y en quienes presenciaban esta curación.

Eso irradia nueva luz sobre cualquier tipo de adversidad que podamos experimentar. Hay buenas razones para preocuparse por lo que está ocasionando adversidad, con lo cual trataremos más adelante. Sin embargo, nuestra mayor preocupación debe ser siempre lo que resulta de la adversidad. ¿Permitiremos que las dificultades nos hagan retroceder, nos derroten o abatan? ¿O vemos la adversidad como algo que puede hacernos más fuertes, mejores y más realizados?

¿Consideramos la adversidad como un destructor, o la vemos como portadora de las semillas que pueden producir algo beneficioso y útil? ¿Vemos la adversidad como algo vinculado a la muerte, o la vemos como algo vinculado con crecimiento y finalmente con vida eterna? ¿Esperamos que los resultados de la adversidad sean negativos o que sean parte del plan milagroso de Dios?

Este libro trata con el modo en que podemos *avanzar* en medio de adversidades. La adversidad puede enseñarnos mucho. Podemos aprender de ella lecciones valiosas que nos preparan para ser el pueblo que Dios quiere que seamos, especialmente mientras tratamos con las dificultades mediante nuestra fe y de acuerdo con la Palabra de Dios. Sí, Dios tiene un plan y un propósito para nuestras vidas. Y sí, Él puede usar para nuestro bien lo que viene contra nosotros.

6. «Hermanos míos, tened por sumo gozo cuando os halléis en diversas pruebas, sabiendo que la prueba de vuestra fe produce paciencia. Mas tenga la paciencia su obra completa, para que seáis perfectos y cabales, sin que os falte cosa alguna» (Santiago 1:2-4). ¿Qué perspectiva respecto a las pruebas que usted padece le aconseja Santiago que tome en este pasaje?

....

....

....

....

....

....

....

7. Santiago afirma que «la prueba de [nuestra] fe produce *paciencia*» o *perseverancia* en nosotros. ¿Por qué es esta una característica importante que usted debe poseer como creyente en Cristo?

....

....

....

....

....

8. ¿Cómo ha visto que sus sufrimientos específicos le lleven a tener mayor perseverancia en su fe?

....

....

....

....

....

DIOS TIENE UN PLAN Y UN PROPÓSITO

Todos los seguidores de Cristo podemos tener la certeza de que Dios tiene un plan y un propósito en nuestra vida. Nos prepara continuamente para que vivamos por siempre con Él. Tiene un plan y un propósito en todo lo que nos afecta. Su amor por nosotros es más grande que cualquier cosa que podamos pedir o imaginar. Él tiene infinitas formas de llevarnos a nuevos niveles de madurez en Cristo. Sabe qué y a quién traer a nuestras vidas en cualquier momento con el fin de lograr sus objetivos muy específicos.

Pero la realidad es que en muchos casos la única manera en que algunos de nosotros nos someteremos al plan de Dios es que primero experimentemos angustia, presión, pruebas o aflicciones. Por eso el Señor usará a menudo la aflicción para hacernos recurrir a Él, confiar más en su poder y ser curados en aspectos en que necesitamos sanidad, y crecer del modo en que necesitamos crecer.

Dios susurra en nuestro placer.
Dios habla en nuestra conciencia.

Dios grita en nuestro dolor.
Y capta realmente nuestra atención cuando el dolor es intenso y más
     allá de nuestro control.

He visto la realidad de estas frases en mi vida y en las vidas de innumerables personas. Simplemente no podemos saber *todo* detalle del plan completo de Dios para nosotros. De vez en cuando podemos recibir destellos de lo que aún nos tiene reservado, pero somos finitos y Dios es infinito. Solo Él puede ver el alcance total de nuestras vidas y cómo encajamos en su plan para las edades.

Dios es omnipotente (todopoderoso), omnisciente (lo sabe todo), omnipresente (siempre disponible y eterno) y totalmente amoroso. Podemos confiar en que Él sabe cómo cada experiencia, circunstancia y relación se ajustan a su plan. Tal vez no veamos ningún propósito para algunos de los problemas que experimentamos, pero Dios ve siempre el propósito en todo: un designio *eterno*.

Ante esto, nuestra primera respuesta cuando vienen adversidades debe ser confiar en que Dios abrirá un camino a través de ellas, confiar en que Dios tendrá un «bien perfecto» para nosotros como resultado de las dificultades, y confiar en que en Él hay un propósito eterno para esta tribulación. El Señor tiene un propósito en *todo*.

9. «Mis pensamientos no son vuestros pensamientos, ni vuestros caminos mis caminos, dijo Jehová. Como son más altos los cielos que la tierra, así son mis caminos más altos que vuestros caminos, y mis pensamientos más que vuestros pensamientos» (Isaías 55:8-9). ¿A qué distancia de la tierra está la estrella más cercana? ¿Qué muestra esto acerca de los planes de Dios para usted?

....
....
....
....
....
....
....
....
....
....

10. ¿En qué ámbitos ha luchado usted con la idea de aflicciones o sufrimientos? ¿Cómo se siente a la posibilidad de que Dios tenga un propósito para las adversidades en su vida?

....

....

....

....

....

....

HOY Y MAÑANA

Hoy: Dios realmente usa la adversidad para traer bendiciones a mi vida.

Mañana: Esta semana le pediré al Señor que cambie mi forma de ver las dificultades.

ORACIÓN FINAL

Padre, queremos crecer en ti y ser espiritualmente maduros como creyentes en Cristo. Deseamos aprender los principios por los cuales debemos vivir en victoria: triunfantes, con entusiasmo, felices, con gozo. Sabemos que esto es lo que sucede cuando abrimos tu Palabra. Queremos obtener tu punto de vista con la finalidad de que todo en nuestras vidas adquiera la sensación de deleite y gozo transformador. Por esto te agradecemos y te alabamos hoy, en el nombre de Jesús. Amén.

OBSERVACIONES Y PETICIONES DE ORACIÓN

Use este espacio para escribir todos los puntos clave, preguntas o peticiones de oración del estudio de esta semana.

PREGUNTAS QUE HACEMOS EN MEDIO DE LA ADVERSIDAD

EN ESTA LECCIÓN

Enseñanza: ¿Por qué ocurren adversidades?

Crecimiento: ¿De qué manera debo responder?

Cuando la adversidad golpea, casi como una respuesta automática tendemos a hacer dos preguntas: (1) *¿Por qué ocurrió esto?* (2) *¿Quién es el responsable de esto?* Sea que las hagamos en voz alta o en silencio, estas preguntas nos vienen a la mente. El enfoque de esta lección plantea otra inquietud más: «¿Es bueno hacer estas preguntas?».

¿POR QUÉ OCURRIÓ ESTO?

En muchos casos, en nuestro mundo moderno hay buenas razones para preguntar *por qué*. *Por qué* es una de las preguntas más poderosas que cualquier persona puede hacer. Es la inquietud en la raíz de la curiosidad y el descubrimiento. Sin embargo, cuando preguntamos *por qué* frente a la adversidad, nuestra pregunta casi siempre se formula en términos muy personales: «¿Por qué *me* sucedió esto?».

Quizás la mejor pregunta que podamos hacer es: «¿Por qué *no* a mí?». Vivimos en un mundo caído donde abunda el pecado. El corazón humano está lleno de malas intenciones. Ocurren accidentes. El diablo es real, y las Escrituras nos informan que él continuamente, «como león rugiente, anda alrededor buscando a quien devorar» (1 Pedro 5:8). El Señor nunca prometió a ninguno de sus hijos que no tendría adversidades. Dios «hace salir su sol sobre malos y buenos, y [...] hace llover sobre justos e injustos» (Mateo 5:45). Toda la humanidad está sometida a padecer problemas, necesidades y tribulaciones, y nadie es inmune a ellos.

Sin embargo, aunque no podemos suponer que el Señor nos mantendrá libres de todo daño, sí contamos con que Él está a nuestro lado en momentos de adversidad, infortunio, tragedia, dificultad y dolor. En Salmos 23:4 leemos: «Aunque ande en valle de sombra de muerte, no temeré mal alguno, *porque tú estarás conmigo*; tu vara y tu cayado me infundirán aliento».

La mejor pregunta «por qué» es: «¿Por qué *esto*?». ¿Por qué sucedió *esto* en lugar de otras cosas? Hay una explicación para la mayoría de las cosas que nos ocurren. Una persona puede perder una casa en un deslizamiento de lodo y enfrentar que compró la casa en una región propensa a deslizamientos de lodo. O un individuo puede tener una enfermedad grave y enterarse de que debió haber tomado decisiones diferentes en años anteriores. En otras ocasiones, la adversidad puede estar fuera del control de la víctima, y una explicación puede resolver definitivamente una situación. Alguien puede experimentar una pérdida en un huracán, una inundación o un tornado, y la explicación puede ser que vive en un lugar donde es probable que ocurran huracanes, inundaciones o tornados. Una persona puede sufrir una pérdida financiera en el mercado de valores, y la explicación es que las inversiones en el mercado de valores tienen riesgos asociados con tales calamidades.

Llegar a la razón fundamental o explicación lógica para la adversidad puede proporcionar valiosa información acerca de lo que no debe hacerse en el futuro. Si hay una raíz espiritual en la adversidad, el Señor deseará que enfrentemos nuestra pecaminosidad, nos arrepintamos del pecado, aprendamos de nuestra experiencia y eliminemos de nuestra vida esa raíz de maldad. Sí, podemos aprender de la adversidad y, al hacerlo, no nos pondríamos en una posición de experimentarla otra vez.

Podemos preguntar: «¿Por qué esto?» hasta que tengamos la respuesta más clara posible. También debemos reconocer que algunas de las complicaciones y dificultades no tienen respuesta inmediata; puede que algún día la tengan, especialmente a medida que aumenta nuestro entendimiento de los propósitos de Dios; sin embargo, la causa o cura de una enfermedad particular puede eludirnos hoy día. El mejor recurso es este: confiar en que Dios nos dará una respuesta que nos produzca paz. Eso es lo que debemos buscar sobre todo al hacer preguntas «por qué» relacionadas con la adversidad. Pidamos al Señor que nos dé la mejor explicación que podamos comprender, y después pidámosle que nos conceda fe para confiar en su amor y capacidad para sustentar nuestra vida, a fin de tener paz respecto a lo que no sabemos.

1. Cuando ha preguntado: «¿Por qué a *mí*?», ¿recibió una respuesta satisfactoria? Explique.

....
....
....
....
....

2. Al pensar en esa experiencia, ¿qué respuesta da usted a la pregunta «por qué esto?».

....
....
....
....

3. ¿Cuándo ha visto adversidad ocasionada por pecado? ¿Cuándo ha visto adversidad *no* ocasionada por pecado?

....

....

....

....

....

....

¿QUIÉN ES RESPONSABLE DE ESTO?

La segunda pregunta que tendemos a hacer cuando la adversidad nos sacude es: «¿Quién es responsable de esto?». Nuestra tendencia automática es buscar alguien a quien echar la culpa de la dificultad. Hay ciertas ocasiones en que otros tienen la culpa de nuestros problemas. Pero no toda adversidad la causan individuos específicos, ni siquiera se relaciona con ellos. Además, la mayoría de los problemas son multifacéticos; es decir, casi siempre involucran a más de una persona o causa.

Desde luego, nos conviene elegir objetivos a quienes culpar de nuestra adversidad. Señalar con el dedo a otra persona es una forma de negar cualquier participación que podríamos tener en la creación del problema. Debemos reconocer que la adversidad viene a menudo como resultado de nuestra manera de actuar. Esa es una realidad difícil de enfrentar, pero debemos hacerlo para madurar en la vida cristiana.

Los discípulos de Jesús no estaban equivocados por completo en su preocupación acerca de que el pecado era la causa de la ceguera de cierto individuo (ver Juan 9:2-3). En ocasiones el pecado *es* el origen de la adversidad. A veces el pecado causa un problema. No todas las dificultades son causadas directamente por el pecado de alguien, pero todo pecado resulta finalmente en alguna forma de muerte. En ocasiones se trata de muerte física, pero por lo general es una manera más sutil de muerte. El pecado puede hacer que mueran relaciones, que la santidad muera y que terminen negocios. Ciertos pecados matan la ambición y la disciplina. Todas estas formas de muerte resultan hasta cierto punto en adversidad. El pecado siempre trae como consecuencia fatalidad. El antiguo dicho «sabed que vuestro pecado os alcanzará», es una verdad directa de la Palabra de Dios (Números 32:23). El pecado finalmente se convierte en adversidad, esto es inevitable.

El clásico ejemplo bíblico de las consecuencias del pecado es la historia de Adán y Eva, cuyas vidas estuvieron libres de adversidades en el inicio de su existencia. En el huerto del Edén no experimentaban enfermedad, muerte o sufrimiento de alguna clase. No había tensión en su relación mutua. No había conflicto entre ellos y su entorno. Vivían en un paraíso y en armonía total con Dios, consigo mismos y con la naturaleza.

La situación cambió debido a que *pecaron*. Desobedecieron a Dios al comer del fruto que les había prohibido comer. Adán sabía lo que el Señor había establecido. Estaba consciente de su desobediencia, pero voluntariamente decidió transgredir. La consecuencia fue más allá de la comprensión. Desde el momento en que Adán pecó, la vida se llenó de adversidades: Eva experimentó dolores de parto, el hombre y la mujer tuvieron el potencial de conflicto en su relación y Adán luchó con su entorno. Y para colmo, ambos tuvieron que vivir el resto de sus días a la sombra de la muerte.

Sin embargo, ¿qué pasa con ejemplos específicos de pecado? He aquí un caso. Un bebé es vendido como esclavo. ¿Por qué? Porque los padres necesitan dinero. ¿Por qué? Porque ellos y sus demás hijos tienen hambre. ¿Por qué? Porque ha habido hambre en la tierra. ¿Por qué? Porque no ha habido lluvia y los cultivos han muerto. ¿Por qué? Porque a los agricultores no les han enseñado habilidades agrícolas. ¿Por qué? Porque quienes tienen habilidades agrícolas no se las han enseñado. ¿Por qué? Porque la gente está demasiado ocupada yendo tras otras ambiciones. ¿Por qué? Porque las personas están motivadas por la codicia, los deseos de los ojos, la lujuria de la carne y la vanagloria de la vida... todo lo cual es egocéntrico y se enfoca únicamente en el beneficio personal (ver 1 Juan 2:16). ¿Por qué? Porque la humanidad es pecadora.

¿Cuántas veces ronda el pecado en esa cadena de acontecimientos? Ciertamente los padres pecaron al vender el bebé. Pero también participó el pecado de muchos otros. El pecado no afecta únicamente a quien lo comete. Es como una piedra lanzada a una laguna: tiene efecto de onda.

La otra cara de la moneda es esta: a veces somos la razón principal de nuestra adversidad. Pecamos deliberadamente con el fin de conseguir lo que anhelamos. Podemos actuar de modo inocente, pero no obstante estamos en el centro de nuestro problema. Erramos cuando en nuestro orgullo concluimos: «¡No tuve nada que ver con este conflicto!». La realidad es que probablemente de alguna manera contribuimos con el inconveniente, y podríamos haber sido la causa principal de este por razones que aún no hemos enfrentado.

Contribuimos con el «estado pecaminoso» del mundo hasta que recibimos el regalo divino del perdón. Pero también creamos cadenas de acontecimientos en nuestras vidas que pueden traer consecuencias negativas mucho después de aceptar a Jesucristo como Salvador. Las decisiones que tomamos y las acciones que realizamos separados del Señor establecen situaciones propensas a la adversidad. Incluso después de reconocer a Jesús como nuestro Señor, estamos en el proceso de ser transformados de vivir según las tendencias humanas pecaminosas a elegir en todo momento la justicia piadosa.

En resumen, de manera directa o indirecta nuestra conducta pecaminosa ayuda a crear adversidad, con resultados inmediatos o de largo alcance. Debemos enfrentar ese hecho. Si negamos nuestro papel en un problema del que somos responsables, nos encontramos viviendo en un estado de falsedad. Jesús manifestó: «Si vosotros permaneciereis en mi palabra, seréis verdaderamente mis discípulos; y conoceréis la verdad, y la verdad os hará libres» (Juan 8:31-32). Solamente la verdad puede liberarnos y traernos sanidad, restitución y una solución segura. La verdad también es necesaria para que el problema no vuelva a aparecer en el futuro.

Por tanto, no neguemos nuestra parte en la adversidad. Enfrentémosla y pidamos al Señor que perdone nuestro pecado. Esa es la única forma en que podemos resolver este problema y crecer en nuestra relación con el Señor.

4. «No os engañéis; Dios no puede ser burlado: pues todo lo que el hombre sembrare, eso también segará. Porque el que siembra para su carne, de la carne segará corrupción; mas el que siembra para el Espíritu, del Espíritu segará vida eterna» (Gálatas 6:7-8).

¿De qué manera se burla usted de Dios cuando intenta negar su propia responsabilidad acerca de la adversidad?

....

....

....

....

....

....

5. ¿Qué significa «sembrar para la carne»? Dé ejemplos.

....

....

....

....

....

6. ¿Qué significa «sembrar para el Espíritu»? Dé ejemplos.

....

....

....

....

....

....

CULPAR DE LA ADVERSIDAD A SATANÁS

Hace muchos años era muy popular la expresión «el diablo me obligó a hacerlo». Por supuesto, esa no era una idea nueva. ¡Eva dio esa excusa en el huerto del Edén!

Culpar al diablo por las dificultades es un modo conveniente de autojustificación. A muchas personas les gusta hacer del diablo su chivo expiatorio. Se niegan a ser responsables de cualquier cosa mala que experimenten. Pero una vez más, eso es vivir en falsedad. El diablo probablemente no merece tanto mérito como le damos.

No estoy negando el poder de Satanás; ya que es real, vivo y activo en nuestro mundo. Es cien por ciento malvado, todas sus acciones tienen la intención de destruir a los hijos de Dios (ver Juan 10:10). Sin embargo, sí *afirmo* que nos equivocamos al culpar a Satanás hasta el punto de negar nuestro pecado o negar que alguien diferente a Satanás haya sido un factor en nuestra adversidad. Satanás es el padre de todas las mentiras y el instigador de toda tentación, pero no es el padre de toda adversidad. Nosotros mismos hacemos muy buen trabajo en provocar adversidades por nuestra cuenta, incluso sin la ayuda directa de Satanás.

Hay ocasiones en que individuos se abren al mal y como resultado experimentan opresión de parte de los demonios. Con más frecuencia, la influencia demoníaca generalmente se intensifica cuando el comportamiento pecaminoso voluntario aumenta con el tiempo. En la gran mayoría de casos, el diablo no nos lleva a tener conducta pecaminosa. El diablo nos tienta, ¡y nosotros pecamos!

En otras ocasiones, Satanás es una fuente directa de adversidad. Las Escrituras lo llaman claramente nuestro «adversario», nombre vinculado directamente con la adversidad. El ejemplo más claro en la Biblia es la historia de Job. Sus amigos y familiares trataron de vincular la adversidad del hombre con su pecado o falta de fe. Sin embargo, la Biblia enseña que Job era «perfecto y recto, temeroso de Dios y apartado del mal» (Job 1:1). Desde la perspectiva de Dios, este varón era un modelo de justicia humana.

No obstante, Satanás sostuvo que Job era justo solo debido a que Dios lo había bendecido en muchas maneras increíbles. Por lo que el Señor replicó: «He aquí, todo lo que tiene está en tu mano; solamente no pongas tu mano sobre él» (v. 12). Satanás se dispuso entonces a destruir todo lo que Job tenía, pero este siguió sirviendo a Dios y andando en sus caminos.

Así que Satanás hizo otra petición: «Piel por piel, todo lo que el hombre tiene dará por su vida. Pero extiende ahora tu mano, y toca su hueso y su carne, y verás si no blasfema contra ti en tu misma presencia. Y Jehová dijo a Satanás: He aquí, él está en tu mano; mas guarda su vida» (2:4-6). Satanás produjo entonces una dolorosa sarna maligna en Job. Observemos que Dios le concedió permiso a Satanás para hacerle daño a Job, pero el ataque en sí y la motivación para la adversidad vinieron de Satanás.

El diablo es el enemigo supremo de nuestras almas. El tormento espiritual proviene de él. En muchas maneras, esta forma de adversidad es la más dolorosa, ya que quienes la experimentan por lo general se llenan de miedo, les invade la culpa y no experimentan paz. La solución para este tipo de adversidad es volvernos a Dios y confiarle cada aspecto de nuestra vida.

Al final debemos llegar a la conclusión de que, sea *quien* sea el responsable de nuestra adversidad, solo una Persona puede ayudarnos a salir de ella: el Señor Jesucristo. Él es nuestra ayuda segura en momentos de tribulación (ver Salmo 46:1). También debemos reconocer que una respuesta a la pregunta «¿quién es el responsable?» puede eludirnos. Quizás, desde la perspectiva de Dios nunca sepamos quién es el responsable de la dificultad en que nos hallamos. Pero podemos conocer la fuente de nuestra solución, nuestra sanidad, nuestra liberación, nuestra redención, nuestra salvación. Su nombre es Jesús.

7. «Cada uno es tentado, cuando de su propia concupiscencia es atraído y seducido. Entonces la concupiscencia, después que ha concebido, da a luz el pecado; y el pecado, siendo consumado, da a luz la muerte» (Santiago 1:14-15). ¿Qué significa ser «atraído» y «seducido» por nuestros propios deseos? Dé ejemplos específicos.

....

....

....

....

....

8. ¿Cómo se «concibe» el deseo? ¿Cómo da a luz el pecado?

....

....

....

....

....

....

....

....

¿CÓMO DEBEMOS RESPONDER A LA ADVERSIDAD?

Las preguntas «¿Por qué ocurrió esto?» y «¿Quién es el responsable?» nos hacen apartar la mirada de nuestra adversidad y ponerla en nuestras vidas y en acontecimientos pasados. Pero nuestro enfoque cambia cuando preguntamos: «¿Cómo debo responder a esta adversidad?». Esta es la respuesta más productiva, útil y positiva que podemos hacer en momentos de tribulación.

Sin duda alguna, los discípulos de Jesús se pararon en el Calvario preguntándose por qué había sucedido algo tan horrible como la crucifixión de su Maestro. De pronto los sueños que tenían se hicieron añicos. Delante de sus propios ojos habían visto padecer y morir a su amado líder. Pudieron haber preguntado: «¿Quién fue el responsable de esto?». ¿Los dirigentes romanos o los judíos? ¿La vociferante multitud que tan fácilmente se había reunido y encolerizado? ¿El pecado? ¿Satanás? ¿Dios? ¡La respuesta es *sí* a todo!

La respuesta de Cristo fue permitir que Dios usara una terrible forma de adversidad para cumplir su plan de salvación y lograr un bien eterno y maravilloso. Esa es la misma respuesta que debemos tener hoy día. Cuando la adversidad azota, debemos enfrentar valientemente tanto la situación como nuestro futuro y preguntar: «¿Y ahora qué?». Debemos evitar la tendencia de atascarnos en la búsqueda interminable de quién es el responsable de esta aflicción y más bien enfocarnos en una pregunta mucho más positiva y orientada al futuro: «¿Quién puede *sacarme* de esta tribulación?».

La única forma de prosperar en nuestra vida espiritual en momentos de adversidad es mirar a Jesús y avanzar hacia el futuro con Él. ¡Jesús es la respuesta a las preguntas *por qué* y *quién*!

9. «[Jesús] se apartó de ellos a distancia como de un tiro de piedra; y puesto de rodillas oró, diciendo: Padre, si quieres, pasa de mí esta copa; pero no se haga mi voluntad, sino la tuya» (Lucas 22:41-42). ¿Cómo respondió Jesús ante la adversidad que enfrentaba?

....

....

....

....

10. ¿Qué nos enseña el ejemplo de Jesús acerca de la respuesta ante la adversidad? ¿De qué forma mira usted a Dios a fin de que lo guíe durante este tiempo de tribulación?

....

....

....

....

....

....

HOY Y MAÑANA

Hoy: La respuesta más importante a la adversidad es preguntarle a Dios: «¿Cómo debo responder?».

Mañana: Le pediré al Señor que me muestre lo que quiere que yo aprenda en momentos de prueba.

ORACIÓN FINAL

Padre, tú nos amas en maneras que no interpretaríamos como amor, porque no vemos las circunstancias como tú las ves. Te agradecemos por toda adversidad que nos permites atravesar. Hoy día oramos porque el Espíritu Santo del Dios vivo, tu Espíritu, haga su obra maravillosa en las vidas de quienes no son salvos. Oramos porque inviten al Señor Jesucristo como el gran portador de situaciones difíciles para que lleve las cargas que acarrean y ande con ellos a través de las adversidades de la vida. Amén.

OBSERVACIONES Y PETICIONES DE ORACIÓN

Use este espacio para escribir todos los puntos clave, preguntas o peticiones de oración del estudio de esta semana.

¿ES LA ADVERSIDAD CAUSADA POR DIOS?

EN ESTA LECCIÓN

Aprendizaje: ¿Causa Dios la adversidad alguna vez?

Crecimiento: ¿Cuáles son los propósitos de Dios cuando la adversidad azota?

¿Causa Dios la adversidad alguna vez? La respuesta cómoda pero teológicamente incorrecta es *no*. Muchas personas enseñan que Dios nunca envía un mal viento a la vida de una persona, pero las Escrituras no justifican esta posición. La Biblia enseña que Dios sí envía adversidades, pero dentro de ciertos parámetros y siempre por una razón que se relaciona con nuestro crecimiento y bien eterno.

¿Hace esto a Dios menos amoroso o bondadoso? No. Tampoco un padre que disciplina a su hijo es menos amoroso o bondadoso. Es más, la disciplina constante a un hijo es un sello distintivo de buena crianza.

La disciplina de Dios es parte de su atributo de bondad perfecta. Un buen Dios no haría nada menos que disciplinar amorosamente a sus hijos para beneficiarlos.

DIOS PUEDE PRODUCIR ADVERSIDAD

Considere la vida del apóstol Pablo. No puede haber ninguna duda de que el Señor lo amaba. Dios lo llamó en forma dramática a convertirse en apóstol para el mundo gentil. Pablo conocía íntimamente a Dios y lo seguía de manera explícita. Pero eso no significa que el apóstol fuera librado de toda adversidad.

En 2 Corintios 11:23-28, Pablo enumeró muchas de las adversidades que enfrentó en el transcurso de su ministerio. Parte de estas dificultades fueron obra suya, ya que era un hombre audaz que se negó a ceder y que a lo largo del camino causó molestias a algunas personas. Pero gran parte de las adversidades las causaron otros: aquellos que rechazaron su ministerio persiguiéndolo y propinándole palizas, flagelaciones, encarcelamientos y lapidaciones. En ocasiones a Pablo también le robaron y debió enfrentar tormentas, agotamiento, fatiga, insomnio, frío, hambre y sed.

La mayoría de las personas habría renunciado después de enfrentar solo algunas de estas adversidades. «Que alguien más se convierta en apóstol». Pero no Pablo. Su gran amor y preocupación por el Señor y por las iglesias que había establecido lo motivaron a perseverar.

Usted podría cuestionar: «Pero no veo ninguna mención de que la adversidad en la lista de luchas de Pablo fuera causada por Dios». En 2 Corintios 12:7-10, el apóstol escribió:

Para que la grandeza de las revelaciones no me exaltase desmedidamente, me fue dado un aguijón en mi carne, un mensajero de Satanás que me abofetee, para que no me enaltezca sobremanera; respecto a lo cual tres veces he rogado al Señor, que lo quite de mí. Y me ha dicho: Bástate mi gracia; porque mi poder se perfecciona en la debilidad. Por tanto, de buena gana me gloriaré más bien en mis debilidades, para que repose sobre mí el poder de Cristo. Por lo cual, por amor a Cristo me gozo en las debilidades, en afrentas, en necesidades, en persecuciones, en angustias; porque cuando soy débil, entonces soy fuerte.

No sabemos qué era exactamente el «aguijón en la carne» de Pablo, porque Dios no lo dice. Creo que existe una buena razón de por qué no se nos informa esto. Si conociéramos la naturaleza del aguijón en la carne de Pablo, cualquier persona que experimentara la misma dolencia o forma de ataque podría decir: «Bueno, tengo lo mismo que padeció Pablo». Tal cosa sería causa de jactancia o falsa explicación.

Sabemos que el aguijón en la carne de Pablo le *fue dado a él* y tenía un *propósito*. El apóstol concluyó que «un mensajero de Satanás» le había entregado el regalo, pero que el dador de la adversidad fue el Señor mismo. Pablo le rogó a Dios que le quitara la dádiva, pero el Señor se negó, diciendo en esencia: «Tengo un propósito para esto en tu vida». Además, le dio al apóstol el aguijón en la carne para su *bien final*: «Para que la grandeza de las revelaciones no me exaltase desmedidamente». Pablo estaba refiriéndose a visiones y revelaciones que recibió de parte del Señor, que incluían una en que fue llevado al cielo (ver 2 Corintios 12:1-4). Percibió que el Señor le había dado un aguijón en la carne para que no se «exaltase desmedidamente» y así el Señor fuera reconocido como la única causa del ministerio exitoso en la vida del apóstol.

Sabemos que Pablo consideró que el aguijón en la carne venía de parte del Señor, ya que no lo trató de la misma manera en que trató el ataque demoníaco, la persecución o su propia pecaminosidad. Al enfrentar ataques espirituales, Pablo reprendió enérgicamente al enemigo y produjo liberación en aquellos que estaban bajo la influencia de Satanás. Pablo enfrentó a los perseguidores y no tuvo miedo a la hora de confrontarlos o discutir con ellos. A lo largo de sus cartas se apresuró a reconocer su propia naturaleza pecaminosa pasada. Pero en este caso, Pablo reportó una conversación con el Señor. Reconoció que Dios tenía un propósito al darle un aguijón en la carne y en que se sometiera a ese propósito.

No es fácil ser sumisos al castigo divino. La primera respuesta es huir del correctivo o librarnos de él. Se necesita cierta cantidad de madurez espiritual para admitir: «Dios podría tener un mensaje para mí en esta adversidad. Podría estar tratando conmigo en alguna forma a fin de que yo crezca en mi fe y me vuelva más como Jesús».

1. ¿Por qué creía Pablo que Dios le había dado un «aguijón en la carne»?

....

....

....

....

....

....

2. Pablo escribió: «Cuando soy débil, entonces soy fuerte» (2 Corintios 12:10). ¿De qué manera explicaría usted esta paradoja en sus propias palabras?

....

....

....

....

....

....

3. ¿Cuándo ha experimentado usted que la fortaleza de Dios se ha hecho más visible debido a su propia debilidad?

....

....

....

....

....

....

DIOS PUEDE DAR PERMISO

En la lección anterior me referí a la manera en que el Señor permitió que Satanás probara a un hombre llamado Job atacándole las posesiones, los hijos y la propia salud y bienestar. La historia de José, el hijo de Jacob, es otra lección sobre el modo en que Dios concede permiso para que a nuestras vidas entren adversidades con la finalidad de que pueda lograrse un bien supremo.

José era muy amado por su padre, un hecho que hizo que sus hermanos mayores le tuvieran celos. José les contó dos de sus sueños en que era exaltado y sus hermanos se inclinaban para servirle. Esto fue más de lo que los hermanos podían soportar. Jacob reprendió a José por contar los sueños, pero los hermanos estaban decididos a enseñarle una lección (ver Génesis 37:1-10).

José viajó luego al lugar en que sus hermanos cuidaban sus rebaños. Cuando lo vieron venir, primero conspiraron para matarlo, y después decidieron despojarlo de su túnica y arrojarlo a un pozo. Finalmente vendieron a José a una caravana de mercaderes madianitas, quienes lo vendieron a Potifar, un oficial de Faraón (ver vv. 11-28, 36).

José fue reconocido en la casa de Potifar, pero la esposa de este lo acusó falsamente de intentar seducirla, y él fue enviado a la cárcel. José ascendió al liderazgo entre los prisioneros e incluso ayudó al jefe de los coperos del faraón a salir de dificultades. Pero el copero se olvidó de José durante dos años antes de mencionarlo delante de Faraón (ver Génesis 39—40).

¡Ni hablar de tan larga lista de situaciones adversas! A muy pocos nos han perseguido los miembros de nuestra familia, un empleador y luego un compañero. José soportó adversidad año tras año. Entonces, en un día, su destino se cumplió. Su adversidad se revirtió. José interpretó un sueño a Faraón y fue puesto a cargo de la cosecha de la nación, una posición importante y prominente. Le dieron el sello de Faraón para que pudiera hacer negocios en nombre del monarca. Le proveyeron un carro y una cadena de oro, lo cual indicaba a toda la nación que José era el segundo al mando. ¡Qué día debió haber sido ese! Sin duda le debió haber parecido un sueño.

José pudo finalmente ayudar a su familia durante un tiempo de hambre severa. Mientras les salvaba la vida, sus hermanos se inclinaron ante él (ver Génesis 41—47, 50). Más tarde, tras la muerte de Jacob, los hermanos temieron que José buscara vengarse de ellos por haberlo vendido años atrás a los madianitas. Pero José les declaró: «No temáis; ¿acaso estoy yo en lugar de Dios? Vosotros pensasteis mal contra mí, mas Dios lo encaminó a bien, para hacer lo que vemos hoy, para mantener en vida a mucho pueblo» (50:19-20).

José concluyó que Dios había tenido el control todo el tiempo. Nada le había sucedido fuera de la voluntad permisiva del Señor. Todo lo que había experimentado formaba parte de un plan divino. Es más, algunos eruditos bíblicos concluyen que el «hombre» que dirigió a José hasta donde sus hermanos en Dotán era un ángel del Señor (ver 37:15-17). De ser así, este hombre lo estaba dirigiendo a los mismos hermanos que lo venderían como esclavo.

¿Quería Dios que José fuera sometido a tal adversidad? La Biblia no lo dice directamente. Pero podemos concluir que Dios *permitió* que ocurrieran las situaciones adversas en la vida del patriarca. Las Escrituras nos dicen que José confiaba continuamente en el Señor. La adversidad no tuvo nada que ver con juicio sobre él, ni esta fue una forma de castigo.

Sin duda, el Señor pudo haber puesto fin a la adversidad en muchos momentos. Pudo haber impedido que José viajara al lugar donde sus hermanos cuidaban sus rebaños. Pudo haber evitado que los hermanos lo arrojaran al pozo. Pudo haber trastornado los planes de viaje de los madianitas o permitido que José escapara de sus manos. Pudo haber provisto testigos que contrarrestaran las falsas afirmaciones de la esposa de Potifar. Pudo haber hecho que el copero recordara a José antes. Por el contrario, el Señor decidió permitir que José soportara las dificultades.

Finalmente, la Biblia nos informa que Dios estuvo *con* José en cada experiencia y que lo bendijo *a pesar de* las circunstancias adversas. ¡Esas son buenas noticias para nosotros! Al examinar la vida de José vemos que pasó de fortaleza a mayor fortaleza. Cada situación adversa lo preparó en alguna manera para el rol de liderazgo que finalmente asumiría. José no se desmoralizó por la derrota. Al contrario, aquellos que intentaron derrotarlo se inclinaron ante él.

Podemos anticipar el mismo resultado. Cuando le pertenecemos al Señor, cualquier infortunio que experimentemos está sujeto a su poder y gracia. Dios nunca deja de estar en control de nuestra vida. Nunca pierde la autoridad sobre nosotros o sobre las circunstancias que nos afectan. El Señor siempre tiene el control. Por tanto, debemos concluir que permite que en ocasiones ingresen adversidades a nuestra vida. Usa la adversidad para cumplir sus propósitos en nosotros y en las vidas de otros. El destino de José no estuvo limitado a él mismo ni a su propia familia, sino que implicó a todas las tribus de Israel y al destino de toda una nación.

4. ¿Cuáles fueron algunas de las circunstancias, coincidencias y personas en la vida de José que conspiraron contra él? ¿Cuándo ha experimentado usted algo parecido?

....

....

....

....

....

....

5. Si usted hubiera estado en el lugar de José, ¿cómo habría respondido en algunas de tales circunstancias? ¿Cuál fue la respuesta de José?

....

....

....

....

....

....

DIOS LIMITARÁ LA ADVERSIDAD

Dios puede permitir que Satanás nos persiga y nos acose, pero también pone un límite a la cantidad de adversidad que le permite que nos envíe. En el caso de Job, Dios detuvo a Satanás la primera vez con esta limitación: «No pongas tu mano sobre él» (Job 1:12), y la segunda vez con la limitación: «Guarda su vida» (2:6). Satanás tuvo que obedecer los mandatos de Dios, y hoy día también tiene que obedecer las limitaciones del Señor sobre la cantidad de adversidad que usted y yo experimentamos como hijos de Dios. Esas son buenas noticias para nosotros. Hay un límite a la adversidad. Llegará a su fin.

Una mujer me dijo que una de sus frases favoritas en la Biblia era «Y aconteció que». Ella declaró: «Sencillamente piense: *aconteció que*. ¡Tal cosa no vino para quedarse!». Esa es una buena actitud a tener acerca de la adversidad. Los problemas de hoy son solo eso: problemas *de hoy*. Un tiempo de tribulación es solo eso: *un tiempo* de tribulación. Las crisis pasan, las circunstancias cambian, las situaciones mejoran. Dios obra en la adversidad y por medio de ella y va a ponerle fin de acuerdo con su calendario.

Daniel notó esto en su mensaje profético cuando afirmó que a la «bestia» se le permitió perseguir a los santos «hasta tiempo, y tiempos, y medio tiempo» (Daniel 7:25). El verbo *perseguir* en este pasaje significa literalmente «agotar». El enemigo de nuestras almas intenta molernos, agotarnos, estrujarnos. Pero Dios dice: «No del todo». No hay nada que Satanás pueda hacernos más allá de los límites divinos si seguimos confiando en el Señor y resistiendo al diablo.

Además, tenemos la seguridad de que Dios estará con nosotros y que nos fortalecerá durante los tiempos de adversidad. Así escribió el apóstol Pablo a un cuerpo de creyentes: «Sé vivir humildemente, y sé tener abundancia; en todo y por todo estoy enseñado, así para estar saciado como para tener hambre, así para tener abundancia como para padecer necesidad. Todo lo puedo en Cristo que me fortalece» (Filipenses 4:12-13). Dios proporcionará la fortaleza que necesitamos para superar la adversidad.

6. ¿De qué modo responde usted a la idea de que a veces Dios *permitirá* que Satanás traiga adversidad a nuestra vida? ¿Por qué cree que Él permite al enemigo producir tales pruebas?

....

....

....

....

7. ¿De qué maneras el Señor lo ha fortalecido a usted en momentos de dificultad? ¿Qué aprendió acerca de sí mismo durante esas temporadas?

La ayuda de Dios es para el creyente

Dios usa la adversidad en la vida del creyente para muchos propósitos, todos básicamente buenos. Él limita la adversidad en el creyente; lo fortalece para soportar los sufrimientos que el enemigo trae. Pero ninguna de estas declaraciones puede hacerse a favor del incrédulo. Esto se debe a que el incrédulo se encuentra delante de Dios en una posición enemiga, una posición de distanciamiento y separación del Señor. El incrédulo es amado, pero también está sujeto a un trato severo si confronta a los hijos de Dios o intenta interferir con los planes divinos.

Vez tras vez leemos que Dios no muestra misericordia a sus enemigos. Los vence con firmeza y decisión. Ser enemigo de Dios es estar en posición precaria. La persona no salva está en un estado espiritualmente perdido, y se halla en peligro físico, emocional y mental. El enemigo tiene acceso total a un incrédulo, un acceso limitado solo por las oraciones del pueblo fiel de Dios a favor de esa persona.

Dios responde al pecado voluntario y a los actos de transgresión de la persona no salva. El Señor no se sienta en su trono a examinar el mundo y disparar a las personas en manera caprichosa e involuntaria. Se propone mostrar que tiene el control. Dios no es un matón. Más bien, se mueve contra el pecado. El Señor es justo y recto, por lo que *debe* luchar contra el pecado.

Este fue el mensaje de Jeremías en el libro de Lamentaciones cuando concluyó que el Señor «no aflige ni entristece voluntariamente» (3:33). Dios no quiere adversidades en su pueblo, pero responde a nuestras acciones. Y cuando pecamos, el Señor reacciona ante nuestro pecado incluso amándonos sin medida. Como escribiera Moisés, «Jehová, tardo para la ira y grande en misericordia, que perdona la iniquidad y la rebelión, aunque de ningún modo tendrá por inocente al culpable» (Números 14:18).

Como creyentes en Cristo, nuestra respuesta debe ser triple al confrontar la adversidad. En primer lugar, debemos responder: «*¡Líbrame!*». Este fue reiteradamente el clamor del pueblo de Dios a lo largo de las Escrituras. En segundo lugar, nuestra respuesta debe ser: «*Gracias, Señor*». Reconocemos que el Señor puede estar tratando con nosotros para mostrarnos algo que debemos cambiar o que debemos hacer con el fin de parecernos más a su Hijo. En tercer lugar, nuestra respuesta debe ser: «*Confío en ti*». A medida que cedemos a lo que el Señor quiere lograr en nosotros, descansemos en la fe de que Él tiene un plan y tiene el control... y que su mano en nuestra vida es de amor incondicional y poder omnipotente sobre la adversidad.

8. «¿No sabéis que la amistad del mundo es enemistad contra Dios? Cualquiera, pues, que quiera ser amigo del mundo, se constituye enemigo de Dios» (Santiago 4:4). ¿Qué significa «ser amigo del mundo»?

   ....

   ....

   ....

   ....

   ....

9. «Fíate de Jehová de todo tu corazón, y no te apoyes en tu propia prudencia. Reconócelo en todos tus caminos, y él enderezará tus veredas» (Proverbios 3:5-6). ¿Qué significa apoyarnos en nuestra «propia prudencia» y reconocer a Dios «en todos [nuestros] caminos»? Brinde ejemplos de cuando usted ha seguido cada una de estas acciones.

   ....

   ....

   ....

   ....

   ....

10. «[El Señor] no aflige ni entristece voluntariamente a los hijos de los hombres» (Lamentaciones 3:33). Si Dios «no aflige ni entristece voluntariamente», ¿por qué cree usted que Él permite el dolor en nuestra vida?

....

....

....

....

....

HOY Y MAÑANA

Hoy: Dios envía adversidad a mi vida, pero lo hace para mi bien, no para mi sufrimiento.

Mañana: Agradeceré al Señor y confiaré en Él durante las pruebas, incluso mientras le pido que me libre de ellas.

ORACIÓN FINAL

Padre, te agradecemos por enviarnos momentos difíciles, pruebas y tribulaciones. Creemos que eres un Padre celestial tan amoroso que estás dispuesto a permitir que (como tus hijos) pasemos tiempos de angustia para edificarnos, fortalecernos y madurarnos en nuestra fe. Señor, te agradecemos por las lecciones que nos enseñas al permitir que la adversidad nos confronte cada día. Observas, edificas, fortaleces, estableces y confirmas, pero no quitas el sufrimiento hasta que tu propósito se haya logrado. Gracias, Padre, por la obra que sigues haciendo en cada uno de nosotros. Amén.

OBSERVACIONES Y PETICIONES DE ORACIÓN

Use este espacio para escribir todos los puntos clave, preguntas o peticiones de oración del estudio de esta semana.

TRES RAZONES POR LAS CUALES DIOS PERMITE LA ADVERSIDAD

EN ESTA LECCIÓN

Aprendizaje: ¿Cuál es en primer lugar el propósito de las adversidades?

Crecimiento: ¿Qué se supone que debo aprender de esto?

Si estamos dispuestos a reconocer que Dios usa la adversidad para hacernos más como Jesús, entonces debemos hacernos una pregunta cuando una crisis llega: *¿Qué razones puede tener el Señor para esta fatalidad en mi vida?* Las adversidades, las pruebas y las angustias funcionan como lecciones en la escuela de la experiencia. Nos traen nueva visión y comprensión. Alteran nuestra percepción del mundo y de Dios, y nos hacen cambiar nuestro comportamiento. Por supuesto, el Señor es el Maestro supremo. Él es Aquel en quien debemos buscar el significado de cualquier lección relacionada con la adversidad.

En la Biblia encontramos que Dios permite a menudo la adversidad por tres razones:

- Llamar nuestra atención.
- Llevarnos al autoexamen.
- Ayudarnos a cambiar nuestra creencia o nuestra conducta.

DIOS USA LA ADVERSIDAD PARA LLAMAR NUESTRA ATENCIÓN

El primer objetivo de un maestro es captar la atención del estudiante. Después de todo, no se puede enseñar a un estudiante que no está escuchando. De igual manera, el Señor usará a veces la adversidad en nuestra vida para hacer que le pongamos atención en una forma novedosa.

Esto es lo que le ocurrió a Saulo de Tarso mientras viajaba por el camino a Damasco. Este no era para Saulo un viaje burocrático rutinario, pues la intención era causar gran persecución sobre los cristianos de esa ciudad. La Biblia nos informa que Saulo respiraba «amenazas y muerte contra los discípulos del Señor» (Hechos 9:1). Él estaba tan entregado a su tarea que casi fue consumido por su objetivo asesino.

Sin embargo, Dios llamó la atención de Saulo mientras este iba a la ciudad de Damasco:

Yendo por el camino, aconteció que al llegar cerca de Damasco, repentinamente le rodeó un resplandor de luz del cielo; y cayendo en tierra, oyó una voz que le decía: Saulo, Saulo, ¿por qué me persigues? Él dijo: ¿Quién eres, Señor? Y le dijo: Yo soy Jesús, a quien tú persigues; dura cosa te es dar coces contra el aguijón. Él, temblando y temeroso, dijo: Señor, ¿qué quieres que yo haga? Y el Señor le dijo: Levántate y entra en la ciudad, y se te dirá lo que debes hacer. Y los hombres que iban con Saulo se pararon atónitos, oyendo a la verdad la voz, mas sin ver a nadie. Entonces Saulo se levantó de tierra, y abriendo los ojos, no veía a nadie; así que, llevándole por la mano, le metieron en Damasco (Hechos 9:3-8).

Definitivamente Saulo recibió ese día una llamada de atención de parte del Señor. En un momento imprevisto Dios obtuvo la atención total del hombre, golpeándolo con la adversidad de la ceguera y sin duda humillándolo frente a sus compañeros de viaje mientras se arrastraba por el polvo del camino. Pero Dios tenía a Saulo exactamente donde quería tenerlo.

Saulo estaba más que dispuesto a escuchar cuando el Señor preguntó: «¿Por qué me persigues?». Hasta ese momento el hombre pensaba que solo perseguía cristianos, no al Señor mismo. Un período de intensa adversidad resultó en cambio total, hasta el punto que en cuestión de días se dedicó a predicar a Jesús en las sinagogas. Quienes presenciaron este abrupto cambio estaban asombrados por lo que veían:

Habiendo tomado alimento, recobró fuerzas. Y estuvo Saulo por algunos días con los discípulos que estaban en Damasco. En seguida predicaba a Cristo en las sinagogas, diciendo que este era el Hijo de Dios. Y todos los que le oían estaban atónitos, y decían: ¿No es éste el que asolaba en Jerusalén a los que invocaban este nombre, y a eso vino acá, para llevarlos presos ante los principales sacerdotes? (Hechos 9:19-21).

Cuando escuchamos una historia como esta, es fácil ver el valor de la adversidad. Si para llamar su atención Saulo debió recibir ceguera y humillación temporal, esto sin duda valió la pena porque a través de Saulo (conocido para nosotros como el apóstol Pablo) se predicó el evangelio y se plantaron iglesias en todo el Imperio romano.

Quizás una de las mejores respuestas ante la adversidad que nos golpea repentinamente con un mensaje dirigido por Dios es ir al salmo 25 y hacerlo nuestra oración personal:

A ti, oh Jehová, levantaré mi alma.
Dios mío, en ti confío;
No sea yo avergonzado,
No se alegren de mí mis enemigos.
Ciertamente ninguno de cuantos esperan en ti
    será confundido;
Serán avergonzados los que se rebelan
    sin causa.
Muéstrame, oh Jehová, tus caminos;
Enséñame tus sendas.
Encamíname en tu verdad,
    y enséñame,
Porque tú eres el Dios de mi salvación;
En ti he esperado todo el día.
Acuérdate, oh Jehová, de tus piedades
    y de tus misericordias,
Que son perpetuas.
De los pecados de mi juventud, y de mis rebeliones,
    no te acuerdes;
Conforme a tu misericordia acuérdate de mí,
Por tu bondad, oh Jehová.

Salmos 25:1-7

No tardemos en responder al Señor cuando hace una jugada para captar nuestra atención. Respondamos rápida y humildemente. Escuchemos lo que tiene que decirnos.

1. Si usted hubiera estado en la posición de Saulo, ¿cómo habría reaccionado al quedar repentinamente ciego?

....
....
....
....
....
....
....
....
....

2. ¿Cómo utilizó Dios la ceguera física para darle vista espiritual a Pablo? ¿Cómo ha usado Dios la adversidad en usted para proporcionarle algo mejor de lo que perdió?

....

....

....

....

....

....

....

....

LA ADVERSIDAD NOS LLEVA AL AUTOEXAMEN

Como ya se mencionó, a veces Dios creerá oportuno permitir un poco de adversidad en nuestras vidas a fin de motivarnos al autoexamen. El torbellino de las dificultades quita los problemas superficiales y nos obliga a hacer frente a los asuntos en un nivel más profundo. El infortunio quita el manto de lo que se supone que debemos ser a fin de revelar la verdad de quiénes somos. De esta manera se muestra el «verdadero nosotros».

Como creyentes en Cristo debemos examinarnos de modo continuo y regular. Pablo animó así a los corintios: «Pruébese cada uno a sí mismo» (1 Corintios 11:28). En otras palabras, «eche un vistazo inquisidor a su interior y descubra qué lo impulsa, motiva y atrae».

Dios no quiere que en nuestras vidas tengamos elementos negativos del pasado que nos deterioren. Cada uno de nosotros es el templo del Espíritu Santo, y Él desea que seamos vasos limpios y utilizables. No existe razón para permitir que durante años permanezca en nuestras vidas la basura del pasado: viejos recuerdos, tentaciones inquietantes, la carga de heridas no resueltas y relaciones no reconciliadas. El Señor quiere que seamos libres de todo lo que podría mantenernos en esclavitud mental, emocional, psicológica o espiritual. Cuando nos volvemos complacientes y aceptamos las heridas del pasado como parte de quienes somos, el Señor puede traernos un poco de adversidad que nos lleve a enfrentar quienes somos y a que más bien vayamos tras quienes podemos ser en Cristo Jesús.

Mientras más permitamos que asuntos espirituales importantes queden sin resolver, más grande es nuestro potencial negativo. Mientras más profundas las raíces, mayor es nuestra resistencia y más doloroso el proceso de excavación. Esa es una de las razones por las que Dios mantiene la presión sobre nosotros. Él sabe que si nos deja en paz regresaremos a nuestras viejas costumbres.

3. «Examíname, oh Dios, y conoce mi corazón; pruébame y conoce mis pensamientos; y ve si hay en mí camino de perversidad» (Salmos 139:23-24). ¿Qué implica el proceso del examen que Dios le hace a usted en el corazón? ¿Cómo utiliza Él la adversidad en ese proceso?

....
....
....
....
....
....
....
....

4. «Escudriñemos nuestros caminos, y busquemos, y volvámonos a Jehová; levantemos nuestros corazones y manos a Dios en los cielos» (Lamentaciones 3:40-41). ¿De qué modo exactamente escudriña y busca alguien sus caminos? Ofrezca ejemplos prácticos.

....
....
....
....
....
....
....
....

5. ¿Qué significa levantar «nuestros corazones y manos a Dios»? Ofrezca ejemplos prácticos.

....

....

....

....

....

....

....

....

Enseñanzas eficaces llevan a cambios de comportamiento

A menudo los maestros preparan objetivos conductuales para sus lecciones en el aula. Tales objetivos enumeran comportamientos claros y medibles que el maestro desea que los estudiantes muestren como prueba de que han aprendido la enseñanza. Las lecciones que el Señor enseña a través de la adversidad tienen en última instancia el mismo propósito: un cambio de comportamiento, incluido un cambio en la creencia que da lugar a tal o cual comportamiento. No es suficiente que el Señor llame nuestra atención o que nos autoexaminemos. Podemos detectar un problema y conocernos a fondo, pero a menos que en alguna forma cambiemos nuestra respuesta a Dios, nunca nos beneficiaremos totalmente de la adversidad ni creceremos como resultado de ella.

El autoexamen puede ser una experiencia dolorosa para nosotros. Pero recordemos que sin importar lo que encontremos dentro de nosotros, Jesús mismo vino a ayudarnos a llevar a la cruz esa carga y tratar con ella de una vez por todas. Él tiene en mente nuestros mejores intereses. Sabe que a veces el dolor allana el camino para la sanidad y restauración completa del ser interior.

Si estamos dispuestos a dejar que Dios saque a la superficie la basura interior de nuestra vida, y si estamos dispuestos a cambiar lo que debemos cambiar en nosotros, saldremos de la adversidad para estar más cerca de Cristo y seremos más maduros como hijos de Dios y con un potencial mucho mayor para reflejar el amor de Dios al mundo que nos rodea.

6. «Bienaventurado el varón que no anduvo en consejo de malos, ni estuvo en camino de pecadores, ni en silla de escarnecedores se ha sentado; sino que en la ley de Jehová está su delicia, y en su ley medita de día y de noche» (Salmos 1:1-2). Observe la secuencia: andar, estar, sentarse. ¿Qué sugiere esto acerca del proceso de hábitos pecaminosos?

....

....

....

....

....

....

....

....

7. ¿Cómo puede el autoexamen llevarlo a usted a deleitarse «en la ley de Jehová» y evitar que siga el consejo de los impíos? ¿Qué papel podría representar la adversidad en esto?

....

....

....

....

....

....

EL SEÑOR DESEA NUESTRO CRECIMIENTO CONTINUO

El Señor no ha hecho provisión para que alguno de nosotros se detenga en algún punto en nuestro crecimiento en ser como Cristo. Puede que nunca lleguemos por completo a su perfección, pero siempre debemos esforzarnos por ser más como Él. Nunca debemos volvernos complacientes acerca de quiénes somos ni estar satisfechos de haber desarrollado todo el carácter necesario. La edificación del carácter y la madurez espiritual son procesos de toda la vida. Como el autor de Hebreos escribe:

> Nosotros también, teniendo en derredor nuestro tan grande nube de testigos, despojémonos de todo peso y del pecado que nos asedia, y corramos con paciencia la carrera que tenemos por delante, puestos los ojos en Jesús, el autor y consumador de la fe, el cual por el gozo puesto delante de él sufrió la cruz, menospreciando el oprobio, y se sentó a la diestra del trono de Dios. (Hebreos 12:1-2)

Cuando nos volvemos complacientes, el Señor puede permitir que la adversidad nos haga avanzar a empujones en nuestro caminar espiritual. Él no busca simplemente captar la atención de los pecadores, sino que también desea la total atención de quienes lo aman. Dios nos obliga a todos a realizar un autoexamen periódico a fin de poder enfrentar nuestro propio pecado y las manchas en el alma que adquirimos en el transcurso de nuestras vidas. Además, el Señor siempre quiere que hagamos la obra difícil de cambiar nuestras creencias y nuestro comportamiento con la finalidad de que lo que creemos y hacemos esté en total armonía con lo que Jesús creería y haría si estuviera en nuestra posición hoy día.

Así que sigamos adelante. Sigamos creciendo. No dejemos de mirar hacia delante y hacia arriba a Cristo Jesús.

8. «La noche está avanzada, y se acerca el día. Desechemos, pues, las obras de las tinieblas, y vistámonos las armas de la luz. Andemos como de día, honestamente; no en glotonerías y borracheras, no en lujurias y lascivias, no en contiendas y envidia, sino vestíos del Señor Jesucristo, y no proveáis para los deseos de la carne» (Romanos 13:12-14). ¿Qué significa vestirnos «del Señor Jesucristo»? Ofrezca ejemplos prácticos.

9. ¿Qué son «las armas de la luz»? ¿Por qué habla Pablo de vestirnos de armas en este pasaje en lugar de ropa normal?

10. ¿De qué manera está usted perseverando en la «carrera» que Dios le ha puesto por delante? ¿Qué crecimiento espiritual puede ver usted al mirar hacia atrás en su vida?

HOY Y MAÑANA

Hoy: Dios usa la adversidad para captar mi atención y llevarme a examinarme y cambiar.

Mañana: Examinaré mi vida en oración, preguntándole a Dios qué debo cambiar.

ORACIÓN FINAL

Padre, gracias por amarnos. Hoy día nuestra oración es la misma que las palabras de ese versículo en los Salmos: «Examíname, oh Dios, y conoce mi corazón; pruébame y conoce mis pensamientos; y ve si hay en mi camino de perversidad». Señor, examina nuestros pensamientos, señala cualquier cosa que te entristezca en nosotros, y guíanos por el camino de la vida eterna. Ayúdanos a entregarte el control a fin de que tu bendito Hijo, quien está dentro de nosotros y se ha convertido en nuestra vida, pueda expresarse por medio nuestro. Queremos reflejar al mundo tu gloria y tus propósitos. Amén.

OBSERVACIONES Y PETICIONES DE ORACIÓN

Use este espacio para escribir todos los puntos clave, preguntas o peticiones de oración del estudio de esta semana.

CUATRO RECTIFICACIONES OBLIGADAS POR LA ADVERSIDAD

Aprendizaje: ¿Cómo puedo saber si estoy caminando en la voluntad de Dios?

Crecimiento: ¿Qué sucede si me salgo del camino?

¿Ha estado usted alguna vez viajando y debió hacer una corrección a mitad de trayecto? Los pilotos hacen correcciones de rumbo mientras maniobran a través del tráfico aéreo y evitan tormentas potenciales. Las cuadrillas de construcción de carreteras a veces nos obligan a tomar desvíos cuando viajamos por tierra. Lo mismo se aplica al viaje de la vida. Hay ocasiones en que debemos hacer correcciones de rumbo a fin de llegar sanos y salvos a nuestro próximo destino espiritual y finalmente al cielo.

La adversidad puede constituir el desvío, la tormenta o el obstáculo que nos obliga a hacer tales correcciones. El Señor requiere siempre que sus hijos amados hagamos cambios al menos en cuatro ámbitos. Él insiste en que: (1) conquistemos el orgullo y nos humillemos a su voluntad; (2) odiemos el pecado y nos purguemos de maldad; (3) escojamos nuestras amistades a fin de que estén de acuerdo con el plan divino para nuestras vidas; y (4) ajustemos nuestras prioridades con la finalidad de que demos mayor valor a las cosas de Dios y, más bien, adoptemos nuevos hábitos de conducta basados en prioridades correctas.

A veces el orgullo, el pecado, las relaciones dañinas y las prioridades erradas están tan profundamente arraigadas dentro de nosotros que difícilmente podemos reconocerlas. Esto resulta ser una ceguera peligrosa. Una razón principal para leer a diario nuestras Biblias es encontrar la dirección de Dios. Cada vez que leamos la Biblia, debemos orar: «Muéstrame, Señor, cómo me afecta esto», o: «Revélame, Señor, cómo debo cambiar mi vida a fin de cumplir con tus mandamientos y tu voluntad».

Debemos reconocer que el Señor nos corrige *porque nos ama*. Proverbios 3:12 es un versículo importante para memorizar: «Jehová al que ama castiga, como el padre al hijo a quien quiere». Un buen padre guía la conducta de su hijo, enseñándole continuamente lo que es bueno, aceptable y beneficioso, y lo que es malo, inaceptable y pernicioso. Si un padre no hace esto por un hijo, este crece con un comportamiento salvaje. De igual manera, Dios quiere que seamos adultos disciplinados y maduros en la fe para que podamos experimentar paz interior y armonía, disfrutar relaciones con otros creyentes, y recibir las bendiciones que Dios desea darnos por medio de otras personas.

Otra razón por la que el Señor nos corrige es para que seamos fructíferos. Jesús enseñó este punto usando la analogía de una vid y sus ramas (ver Juan 15:1-8). Dios, nuestro Padre celestial, es el labrador, quien nos poda, y seguirá podándonos con la finalidad de que todo en nuestras vidas lleve fruto. Cualquier cosa que Él corte de nosotros, aunque involucre el dolor de la adversidad o la prueba, es para nuestro beneficio. Es madera muerta en lo que respecta al Señor, y la madera muerta ocupa un espacio que podría ser ocupado por actividades que lleven fruto.

Además, el Señor dice que somos sus discípulos cuando permanecemos en su Palabra y llevamos fruto. Así como podar las vides es importante para que sean fructíferas, así la corrección del Señor es necesaria para que logremos nuestro propósito dado por Dios y encontremos realización interior. Por tanto, en lugar de estremecernos ante la idea de la poda del Señor, debemos regocijarnos. Estamos a punto de ser liberados de todo peso muerto y toda falsedad que puede impedirnos bendiciones.

1. ¿Cuándo le ha «podado» Dios? ¿Qué cortó?

....
....
....
....
....
....
....

2. ¿Cómo sintió usted el proceso de poda mientras este se llevaba a cabo? ¿Qué ha crecido en su vida en lugar de aquello que le fue cortado?

....
....
....
....
....
....

CORRIJAMOS NUESTRA ACTITUD DE SOBERBIA

El Señor detesta la soberbia humana. En Santiago 4:6 leemos: «Dios resiste a los soberbios, y da gracia a los humildes». Este mismo mensaje lo encontramos tres veces en las Escrituras (ver Proverbios

3:34 y 1 Pedro 5:5). En otra parte se enumera la soberbia entre cuatro cosas que el Señor odia: «La soberbia y la arrogancia, el mal camino, y la boca perversa» (Proverbios 8:13). Pero en otro pasaje se enumera la altanería entre siete cosas que son abominación a Dios (ver Proverbios 6:17-19).

Dios odia en gran manera la soberbia porque es el único pecado que impide que permitamos que nos utilice para sus propósitos. Cuando nos dedicamos a hacer las cosas a nuestra manera no estamos en posición de hacerlas a la manera de Dios. La soberbia nos vuelve inútiles en el reino de Dios. Siempre debemos recordar que Dios no existe para nosotros, sino que somos nosotros quienes existimos para Él.

El Señor no compartirá su gloria con nadie. Cuando nos atribuimos gloria y decimos: «¡Miren lo que he logrado!», negamos que todos nuestros logros se realizan porque Dios lo permite y nos da poder para conseguirlos. Cualquier bien en nosotros se debe a su diseño y redención. Cualquier cosa notable en que nos convirtamos es porque Él así lo quiere. No tenemos mérito aparte de la bondad de Dios.

En Proverbios 16:18 leemos: «Antes del quebrantamiento es la soberbia, y antes de la caída la altivez de espíritu». No todas las destrucciones son causadas por soberbia, pero esta siempre termina en destrucción. Por lo general, perdemos lo que más nos enorgullece haber logrado, ganado, poseído o realizado. Ser soberbios es tener una opinión demasiado elevada de nosotros mismos en relación a Dios, y darnos mérito por lo que le pertenece a Él. Tener un espíritu altivo es poseer una opinión demasiado elevada de nosotros mismos en relación con otras personas y asumir el mérito que justamente les pertenece.

Cuando llegan adversidades destructivas, estas podrían ser resultado de nuestra conducta orgullosa. De ser así, el Señor permite que las pruebas muestren nuestra soberbia a fin de animarnos a humillarnos delante de Él (y quizás delante de otras personas) y someternos a su voluntad.

3. «Ciertamente la soberbia concebirá contienda; mas con los avisados está la sabiduría» (Proverbios 13:10). ¿Cuándo su soberbia le ha causado contienda? ¿Cómo podría la humildad haber cambiado las cosas?

....

....

....

....

....

4. ¿Qué significa ser «avisado»? ¿Cómo el buen consejo nos dirige a la sabiduría y no a la adversidad?

....

....

....

....

....

CORRIJAMOS NUESTRA ACTITUD EN CUANTO AL PECADO

Mucha gente espera que Dios califique en curva de campana. el tipo de sistema de calificación que se usa a menudo en escuelas donde un pequeño porcentaje de estudiantes recibe la nota máxima, un porcentaje más grande de estudiantes recibe notas secundarias y la mayoría de estudiantes recibe mala calificación. Sin embargo, las Escrituras nos dicen que Dios no usa los promedios. Él es un Dios de absolutos. Somos malvados o justos, según lo que decidamos hacer en respuesta a Jesucristo y a su derramamiento de sangre en la cruz.

Nuestra salvación no es asunto de obras, sino de recibir intencionalmente a Jesucristo en nuestras vidas. Mientras cerremos la puerta a Cristo, estamos fuera del reino de Dios. Él aún nos ama, aún nos llama y su Espíritu Santo aún intenta acercarnos al Padre, pero no estamos en posición de recibir los beneficios de ser hijos de Dios. Somos enemigos de Dios, no sus herederos.

Quienes esperan que Dios tolere un poco de pecaminosidad, tienden a tolerar el pecado en sí mismos hasta el punto de no hacer nada al respecto, aunque lo reconozcan como pecado. Pues bien, podríamos afirmar: «Pero todos somos pecadores. Nadie alcanza el nivel de perfección». Eso es verdad. Pablo lo dice claramente: «Todos pecaron, y están destituidos de la gloria de Dios» (Romanos 3:23).

No obstante, reconocer que todos somos pecadores debería obligarnos a hacer algo al respecto. Si reconocemos que hemos pecado contra Dios no deberíamos tratarlo con desinterés, como si dijéramos: «Bueno, simplemente esa es mi naturaleza humana». Más bien, deberíamos acudir a Dios y expresar: «He pecado. Ten misericordia de mí. ¡Cambia mi naturaleza humana para ya no tener deseos de volver a pecar!». Reconocer el mal debería provocar una reprimenda, es decir eliminar dicha maldad, o una posición contra el mal. Jesús le dijo a una mujer que fue atrapada en el acto de pecado flagrante: «Vete, y no peques más» (Juan 8:11).

Enfrentar que somos criaturas pecadoras no es lo mismo que tolerar el pecado. Las Escrituras enseñan que Dios quiere que odiemos el pecado y sus consecuencias, y que en toda oportunidad nos alejemos del mal. No debemos imitar la maldad ni aceptarla. No debemos coquetear con el mal. No debemos ser curiosos respecto a la maldad. Debemos volverle la espalda y huir de ella.

Dios desea que huyamos del mal porque quiere protegernos de las consecuencias del pecado. El Señor puede mirar el futuro y ver lo que cosecharemos si sembramos pecaminosidad. Debemos reconocer que nunca recibiremos solamente aquello que sembramos como semilla de pecado. Esa semilla produce una cosecha completa de consecuencias pecaminosas: angustia, pruebas, tristezas y adversidad. Tengamos en cuenta que de nuestros hechos pecaminosos recibiremos una consecuencia negativa con intereses. Al igual que la buena semilla, la del pecado se multiplica. Además, el pecado *siempre* tiene consecuencias negativas; siempre lleva fruto.

El único antídoto para el pecado es el perdón de Dios. No podemos liberarnos del pecado ni compensarlo con buenas obras. Solo el derramamiento de sangre de Jesús produce remisión plena de pecados. La buena noticia es que cuando confesamos nuestros pecados al Padre, «él es fiel y justo para perdonar nuestros pecados, y limpiarnos de toda maldad» (1 Juan 1:9).

El pecado nos roba bendiciones. Cuando una mala hierba ocupa un poco de tierra, evita que una planta fructífera ocupe esa porción de tierra. Lo mismo ocurre con el pecado en nuestra vida. Mientras le demos un puerto seguro, evitamos que allí atraquen barcos cargados con bendición de Dios.

Cuando la adversidad ataca, enfrentamos la posibilidad de no haber eliminado todo el mal de nuestra vida. Pidamos al Señor que nos dé valor y capacidad para evaluar nuestros caminos, eliminar de nosotros la maldad y llevar una vida justa. Es posible. El Espíritu Santo nos permitirá hacerlo si le pedimos ayuda.

5. «El que encubre sus pecados no prosperará; mas el que los confiesa y se aparta alcanzará misericordia» (Proverbios 28:13). ¿Cuándo ha tratado usted de «encubrir» sus pecados? ¿Cuál fue el resultado de sus esfuerzos?

_____

_____

_____

_____

_____

_____

6. ¿Por qué se nos ordena confesar y abandonar el pecado, y no solamente lo uno o lo otro?

_____

_____

_____

_____

_____

CORRIJAMOS NUESTRAS ASOCIACIONES

La adversidad nos enfrenta a menudo cara a cara con que debemos asociarnos con diferentes personas. Quizás necesitemos nuevos amigos. Tal vez debamos cortar lazos con ciertos individuos. Posiblemente debamos alinearnos más estrechamente con creyentes cristianos.

Fuimos creados para tener comunión. Ninguno de nosotros fue diseñado para actuar por nuestra cuenta. Pero en ocasiones no somos sabios con las asociaciones que hacemos. Elegimos amigos que no convienen, así como socios o empleados malos. Inevitablemente, las malas decisiones nos producen dificultades. La Biblia proporciona un buen modelo de verdadera amistad en las vidas de David y Jonatán. El amor de Jonatán por su amigo David hizo que manifestara estos comportamientos:

- Advirtió a David de posible peligro (ver 1 Samuel 19:1-3).
- Habló bien de David, incluso a una persona que consideraba enemigo a su amigo (ver 19:4).
- Trató de hacer lo que David requería (ver 20:4).
- Arriesgó la vida por defender a David (ver 20:32-33).
- Ayudó a David a escapar de la muerte (ver 20:35-41).

Jonatán expresó una de las más grandes declaraciones de amistad en la Biblia cuando le dijo a David: «Vete en paz, porque ambos hemos jurado por el nombre de Jehová, diciendo: Jehová esté entre tú y yo, entre tu descendencia y mi descendencia, para siempre» (20:42). ¡Eso sí que es amistad!

Pablo describió la amistad cristiana en 1 Corintios 13, que hemos llegado a llamar el «capítulo del amor». Representó el amor cristiano de esta manera:

- Paciente, benigno y humilde (v. 4)
- Cortés, desinteresado, imperturbable y positivo (v. 5)
- Magnánimo y arraigado en la verdad (v. 6)
- Solidario, esperanzador y perdurable (v. 7)

Pablo afirmó que tal amor nunca falla. Y tales amistades no crean adversidad. Son bendiciones en nuestra vida, abundantes recompensas divinas para nosotros en esta tierra. Sin embargo, las malas asociaciones traen calamidad. Las compañías malignas intentan alejarnos del Señor y sus mandamientos. Se trata de los amigos, vecinos, parientes o colegas que nos dicen: «Dios realmente no dijo eso», o: «Dios en realidad no quiso decir eso», o: «Dios no castigaría a alguien por hacer eso». Algunos van tan lejos como para declarar: «Eres especial, por tanto Dios no exigirá que te abstengas de eso». Todas estas mentiras son tan antiguas como la falsedad que la serpiente expresó en el huerto del Edén. Debemos alejar tales amistades de nuestras vidas y buscar amigos que deseen ayudarnos a andar en los caminos de Dios.

Los amigos verdaderos permanecerán con nosotros en medio de la adversidad, y se mantendrán con nosotros hasta que Dios nos lleve a un lugar mejor. Ese amigo es el que se mantiene «más unido que un hermano» (Proverbios 18:24). Los verdaderos amigos estarán allí cuando los necesitemos.

7. «Os ordenamos, hermanos, en el nombre de nuestro Señor Jesucristo, que os apartéis de todo hermano que ande desordenadamente» (2 Tesalonicenses 3:6). ¿Qué significa «andar desordenadamente»? Ofrezca ejemplos específicos.

8. ¿Por qué se nos ordena «apartarnos» de tales individuos? ¿Cómo se lleva a cabo esta retirada?

CORRIJAMOS PRIORIDADES ERRÓNEAS

La adversidad casi siempre corrige nuestras prioridades equivocadas. En momentos de infortunio debemos recordar lo que realmente importa: nuestra familia y nuestros amigos, nuestra salud, nuestra paz mental, nuestra capacidad de experimentar todo lo que Dios ha creado y nuestra relación con el Señor Dios.

Uzías asumió el trono de Judá a los dieciséis años de edad; buscó a Dios bajo la tutela de Zacarías y mientras «buscó a Jehová, él le prosperó» (2 Crónicas 26:5). Uzías tuvo grandes logros durante su reinado. Derrotó a los filisteos, árabes y amonitas. Construyó torres fortificadas en Jerusalén y en el desierto, donde también cavó muchos pozos. Levantó un ejército fuerte para la defensa de Judá. Su fama se extendió por todas partes (ver vv. 6-15).

Pero entonces Uzías ya no buscó al Señor. Las Escrituras nos informan que «cuando ya era fuerte, su corazón se enalteció para su ruina» (2 Crónicas 26:16). Intentó reemplazar a los sacerdotes en el templo, y como resultado le brotó lepra en la frente, y fue leproso hasta el día de su muerte. Vivió en una casa aislada y fue separado del pueblo de Dios y de la casa de Dios.

La adversidad puede revelar que estamos en peligro de poner otras cosas antes que al Señor. Cualquier cosa o persona que ponemos en el lugar del Señor es un ídolo, y el Señor no da lugar a los ídolos. Los aplasta repetidamente a lo largo de las Escrituras y los llama abominación.

Cuando la adversidad golpea, el Señor puede estar tratando de volver a alinear nuestras prioridades. Pidámosle ayuda para aumentar nuestro entendimiento de cómo volver a alinearnos en una forma que nos traiga paz, prosperidad y bendición. Pidámosle que nos dé valor para hacer compromisos diferentes y seguir hábitos que lleven a justicia piadosa y relaciones saludables.

9. «Buscad primeramente el reino de Dios y su justicia, y todas estas cosas os serán añadidas» (Mateo 6:33). ¿Qué significa buscar el reino de Dios? ¿Qué significa buscar la justicia? Dé ejemplos de cada caso.

....

....

....

....

....

....

....

....

10. ¿Por qué nos ordena el Señor que busquemos estas cosas? ¿Por qué no son reveladas y proporcionadas automáticamente a los cristianos?

....

....

....

....

....

....

....

HOY Y MAÑANA

Hoy: El Señor usa la adversidad para reajustar el rumbo de mi vida.

Mañana: Le pediré que me muestre qué correcciones a mitad de curso quiere que yo haga.

ORACIÓN FINAL

Padre celestial, es difícil examinar nuestras vidas. Es difícil aceptar tu corrección. Pero hoy día te pedimos que nos guíes a examinar esos aspectos en que sabes que algo está mal, en que estamos dominados por el yo. Esos aspectos en que hemos luchado una y otra vez sin asegurar la victoria, y que realmente podamos entregártelos. Ayúdanos a ver que rendir nuestros «derechos» a ti trae la mayor libertad. En el nombre de Jesús oramos. Amén.

OBSERVACIONES Y PETICIONES DE ORACIÓN

Use este espacio para escribir todos los puntos clave, preguntas o peticiones de oración del estudio de esta semana.

Lo que la adversidad puede revelarnos

EN ESTA LECCIÓN

Aprendizaje: ¿Se supone que debo aprender de la adversidad algo nuevo sobre mí mismo?

Crecimiento: ¿Qué puedo obtener del sufrimiento?

Ya se analizó antes que es prudente hacernos un autoexamen cuando la adversidad golpea. Al hacerlo, el Señor puede llevarnos en una cantidad de direcciones. El autoexamen no se limita a aspectos de pecaminosidad o soberbia, también puede involucrar aspectos de fortaleza que debemos buscar. Algunos aspectos dignos de examinar incluyen:

- Nuestra visión de Dios
- El lugar de las posesiones materiales en nuestra vida

- Nuestras fortalezas y debilidades
- Nuestra falta de disposición para perdonar a los demás
- Nuestra fe en Dios

LA ADVERSIDAD REVELA NUESTRA VISIÓN DE DIOS

¿Cómo se afecta la opinión que tenemos de Dios cuando la adversidad ataca? ¿Tendemos a verlo como un capataz cruel que nos juzga sin compasión y exige una conducta irrazonable? ¿O lo consideramos un Padre benevolente que permite que seamos castigados en tal manera que la prueba resultará en nuestro crecimiento y perfección?

Si nuestra respuesta es creer que Dios nos trata injustamente o con demasiada dureza, no neguemos esos sentimientos. En lugar de eso, exploremos por qué nos sentimos así. En nuestro autoexamen de este punto podríamos descubrir que nos han enseñado incorrectamente acerca de Dios.

Durante mis muchos años como pastor, he encontrado cientos de personas que tienen visiones negativas de Dios. Esta suele ser una opinión que sus padres les enseñaron directa o indirectamente, y a menudo se basa en la impresión que tienen de su padre terrenal. La Biblia describe a nuestro Padre celestial en estos términos:

- Amoroso (ver Juan 3:16; 1 Juan 4:8)
- Íntimo (ver Juan 15:15)
- Paciente (ver Salmos 103:8)
- Misericordioso y clemente (ver Salmos 103:8)
- Generoso (ver Lucas 6:38)
- Fiel y firme (ver Lamentaciones 3:23)

Si esta no es la comprensión que usted tiene de su Padre celestial, le animo a revisar las referencias anteriores y dejar que la Palabra de Dios le hable directamente. Relea los evangelios. Lea acerca de Jesús, quien dijo de sí mismo: «El que me ha visto a mí, ha visto al Padre» (Juan 14:9). Revise atentamente lo que Jesús declaró sobre el Padre. Permita que el Espíritu Santo le traiga sanidad en esta área.

En el extremo opuesto del espectro, algunas personas consideran a Dios tan amoroso que opinan que nunca haría nada negativo a sus hijos. Creen que finalmente Dios les pasará por alto los pecados, como si estos no tuvieran importancia ante sus ojos. Pero Pablo escribió: «No os engañéis; Dios no puede ser burlado: pues todo lo que el hombre sembrare, eso también segará» (Gálatas 6:7). Dios no pasa por alto el pecado, y nosotros tampoco deberíamos hacerlo. El pecado es destructivo y mortal.

El punto equilibrado de vista sobre Dios es que nuestro Padre celestial es justo, recto y absoluto, y es al mismo tiempo amoroso, generoso y accesible. Su deseo es tener comunión cálida e íntima con sus hijos y bendecirnos, lo cual es posible cuando vivimos de acuerdo con sus leyes y mandamientos.

Nuestra respuesta en la adversidad revelará la opinión que tengamos de Dios. Tome nota de lo que siente y piensa cuando la adversidad se presente. El entendimiento que tenga del Señor y de la relación que Él desea tener con usted pueden ser un aspecto que en usted necesite crecimiento.

1. «Jehová ama la rectitud, y no desampara a sus santos, Para siempre serán guardados; mas la descendencia de los impíos será destruida. Los justos heredarán la tierra, y vivirán para siempre sobre ella» (Salmo 37:28-29). ¿Cómo puede Dios al mismo tiempo amar a sus santos y «destruir» a los impíos? ¿Cómo reconcilia usted la gracia amorosa de Dios con su juicio iracundo?

....

....

....

....

....

....

....

....

....

....

....

2. ¿Qué significa que «para siempre serán guardados» los santos? ¿Cómo se relaciona este concepto con la adversidad y el castigo?

....

....

....

....

....

....

....

....

....

La adversidad revela nuestra relación con las cosas

Cuando experimentamos adversidad, se revela nuestro materialismo (o la carencia de este). A menudo nos enteramos de personas cuyas casas fueron destruidas por fuego, tornado o inundación, y su primera respuesta es: «Perdimos todo, pero gracias a Dios estamos vivos». Al final, lo que más debe importarnos es nuestra salud y seguridad, y la salud y seguridad de nuestros seres amados. Las personas importan mucho más que las cosas.

Pero en nuestro mundo, muchos tienden a usar a las personas y valorar las cosas, en lugar de usar las cosas y valorar las personas. Estamos preocupados con adquirir posesiones materiales en cantidades mucho mayores de las que necesitamos. Solo necesitamos echar un vistazo a la deuda nacional, y a la cantidad de deuda personal de los ciudadanos en nuestra nación, para llegar a la conclusión de que la codicia es desenfrenada.

Se necesita adversidad para volver a nuestro sentido de valores sobre lo que verdaderamente importa. Los intangibles de amor, esperanza, amistad, unión familiar, salud y paz de corazón son mucho más valiosos que todo lo que podamos consumir o poner en un estante para admirar.

3. «Los afanes de este siglo, y el engaño de las riquezas, y las codicias de otras cosas, entran y ahogan la palabra, y se hace infructuosa» (Marcos 4:19). ¿Con qué «afanes de este siglo» batalla usted? ¿Cómo interfieren en su relación con Dios?

....
....
....
....
....
....
....

4. ¿De qué manera son engañosas las riquezas? ¿Cuándo lo han engañado las riquezas o la búsqueda de estas?

....
....
....
....
....
....

LA ADVERSIDAD REVELA NUESTRAS FORTALEZAS O DEBILIDADES

Cuando la adversidad ataca, nos damos cuenta de qué estamos hechos. Es probable que sepamos de alguien que después de una crisis haya declarado: «Antes que esto me sucediera nunca había pensado que yo podría tratar con algo así. No creí que hubiera tenido las fuerzas».

En la Biblia, Dios usó la adversidad para ayudar a un hombre llamado Gedeón a comprender las habilidades que poseía. Los israelitas estaban siendo oprimidos por un grupo conocido como madianitas, y Dios quería que Gedeón liberara de la esclavitud al pueblo. Así que se le apareció a Gedeón y le dijo: «Jehová está contigo, varón esforzado y valiente» (Jueces 6:12).

La respuesta automática de Gedeón fue: «Ah, señor mío, si Jehová está con nosotros, ¿por qué nos ha sobrevenido todo esto? ¿Y dónde están todas sus maravillas... Jehová nos ha desamparado» (v. 13). Gedeón se veía y veía a todos los israelitas como seres débiles e indignos. El Señor respondió casi como si no hubiera escuchado las palabras de Gedeón: «Ve con esta tu fuerza, y salvarás a Israel de la mano de los madianitas. ¿No te envío yo?» (v. 14).

Gedeón respondió al encargo de Dios con una visión sumamente baja de sí mismo: «Ah, señor mío, ¿con qué salvaré yo a Israel? He aquí que mi familia es pobre en Manasés, y yo el menor en la casa de mi padre» (v. 15). De nuevo el Señor animó a Gedeón, expresando: «Ciertamente yo estaré contigo, y derrotarás a los madianitas como a un solo hombre» (v. 16).

Cuando el Señor nos llama fuertes, ¡no proclamemos que somos débiles! Cuando el Señor dice que somos perdonados, ¡no hagamos hincapié en pecados pasados! Cuando el Señor afirma que estamos curados, ¡no saquemos a relucir dolores pasados! Cuando el Señor dice que somos justos, ¡no nos veamos de ninguna otra manera!

Por otra parte, erramos si nos vemos como poderosos en nuestras propias fuerzas hasta el punto de no tener necesidad de Dios. Nunca tratemos de enfrentar la adversidad por nuestra cuenta. Necesitamos la ayuda del Señor. La adversidad nos hará comprender esa lección una y otra vez. No podemos ayudarnos más de lo que Daniel podía defenderse dentro de un foso de leones o más de lo que Pedro podía liberarse por sí solo de la cárcel o de lo que Pablo podía salvarse durante un naufragio.

Por supuesto, la lección es que no podemos ayudarnos a nosotros mismos en *ningún* momento. Necesitamos la ayuda del Señor cada hora de cada día de cada año si hemos de vivir de manera triunfante: en espíritu, mente, cuerpo y relaciones saludables. Él es nuestro auxilio siempre presente.

Es importante llegar a la conclusión de que nuestra fortaleza reside en el Señor y no en nosotros. Según Pablo manifiesta: «Lo insensato de Dios es más sabio que los hombres, y lo débil de Dios es más fuerte que los hombres» (1 Corintios 1:25). No hay comparación entre Dios y la humanidad cuando de sabiduría y fortaleza se trata. Cuando confiamos en el Señor tenemos acceso a su poder y sabiduría ilimitados, y no terminaremos en fracaso. Pero cuando confiamos en nosotros mismos en medio de la adversidad, fracasaremos y hasta podríamos provocar más adversidad.

5. «No temas, porque yo estoy contigo; no desmayes, porque yo soy tu Dios que te esfuerzo; siempre te ayudaré, siempre te sustentaré con la diestra de mi justicia» (Isaías 41:10). ¿Qué promete Dios en este versículo cuando usted atraviesa períodos de adversidad?

....

....

....

....

....

....

....

....

6. ¿De qué maneras prácticas lo ha fortalecido y animado Dios en momentos de pruebas y adversidad en su vida?

....

....

....

....

....

....

....

LA ADVERSIDAD REVELA NUESTRA RENUENCIA A PERDONAR

El Señor no puede tener parte en el pecado ni puede hacer caso omiso a su presencia. Él toma continuamente medidas contra el pecado y lo hace con toda la fuerza de su omnipotencia. Solo por la misericordia divina cualquiera de nosotros somos perdonados. Quienes creemos en Jesucristo y recibimos el perdón de Dios estamos a salvo de la ira divina, a pesar de que podemos ser beneficiarios del castigo y la disciplina del Señor.

Se espera que quienes recibimos perdón de Dios extendamos perdón a los demás. Y quienes extendemos perdón a los demás estamos en una posición de recibir perdón de Dios. Como dijera Jesús: «Cuando estéis orando, perdonad, si tenéis algo contra alguno, para que también vuestro Padre que está en los cielos os perdone a vosotros vuestras ofensas. Porque si vosotros no perdonáis, tampoco vuestro Padre que está en los cielos os perdonará vuestras ofensas» (Marcos 11:25-26).

En ocasiones la adversidad revela que no hemos perdonado a otros. En tales casos debemos soportar nuestro propio pecado y estar sometidos a sus consecuencias, que nunca son agradables. Jesús contó una parábola para enseñar esta lección:

> Había un hombre rico que tenía un mayordomo, y éste fue acusado ante él como disipador de sus bienes. Entonces le llamó, y le dijo: ¿Qué es esto que oigo acerca de ti? Da cuenta de tu mayordomía, porque ya no podrás más ser mayordomo. Entonces el mayordomo dijo para sí: ¿Qué haré? Porque mi amo me quita la mayordomía. Cavar, no puedo; mendigar, me da vergüenza. Ya sé lo que haré para que cuando se me quite de la mayordomía, me reciban en sus casas. Y llamando a cada uno de los deudores de su amo, dijo al primero: ¿Cuánto debes a mi amo? Él dijo: Cien barriles de aceite. Y le dijo: Toma tu cuenta, siéntate pronto, y escribe cincuenta. Después dijo a otro: Y tú, ¿cuánto debes? Y él dijo: Cien medidas de trigo. Él le dijo: Toma tu cuenta, y escribe ochenta. Y alabó el amo al mayordomo malo por haber hecho sagazmente; porque los hijos de este siglo son más sagaces en el trato con sus semejantes que los hijos de luz. (Lucas 16:1-8)

Jesús llamó malo a este mayordomo, lo que sin duda fue este hombre al engañar y robarle a su amo. Sin embargo, Jesús también observó que el amo lo elogió por su astucia. ¿Qué fue aquello tan astuto que el siervo hizo? Perdonó deudas ajenas para su propio beneficio. El Señor nos llama a hacer lo mismo: a *no* ejercer mala mayordomía, sino a perdonar voluntariamente a los demás. Cuando perdonamos a quienes nos han perjudicado podemos recibir el perdón del Padre.

No perdonar es albergar resentimiento, lo cual se convierte en amargura, lo que a su vez nos lleva a relaciones hostiles con los demás. No perdonar también es albergar deseos de venganza: asegurarse de que la persona que nos perjudicó sea castigada de acuerdo con nuestras normas de lo que es bueno y malo, o según nuestras normas de lo que es un castigo justo. La Biblia enseña que debemos dejar la venganza al Señor y no tomarla nosotros mismos (ver Romanos 12:19). Cada vez que intentamos actuar como juez, jurado y ley para otra persona, estamos en peligro de ser juzgados nosotros mismos.

Cuando experimentemos adversidades, pidámosle a Dios que nos revele si nos encontramos en un estado de falta de perdón hacia otros. Si lo estamos, perdonemos a esas personas e intentemos hacer restitución. Luego pidámosle al Señor que nos perdone y libere de todas las consecuencias de nuestra falta de perdón.

7. «No juzguéis, y no seréis juzgados; no condenéis, y no seréis condenados; perdonad, y seréis perdonados» (Lucas 6:37). ¿Qué significa juzgar a otra persona? ¿Cuán diferente es esto de reconocer el pecado de una persona?

8. ¿Qué significa condenar a otra persona? ¿Cuán diferente es esto de reconocer las consecuencias del pecado?

....
....
....
....
....
....
....
....
....
....
....

La adversidad revela nuestra fe en Dios

Cuando nos topamos con dificultades y pruebas, somos prudentes si analizamos el estado de nuestra fe en Dios. ¿Es nuestra primera respuesta: «Dios, confío en que me hagas pasar por esto y permitas que resulte para mi bien eterno»? ¿O es nuestra respuesta: «Oh, estoy perdido, y no hay nada que yo pueda hacer»?

La tormenta en el mar de Galilea sirvió para enseñar esta lección a los discípulos de Jesús. Él les dijo: «Pasemos al otro lado» (Marcos 4:35). Los discípulos debieron haber tomado esa declaración como una señal segura de que Jesús esperaba llegar sano y salvo al otro lado de la orilla. Pero entonces surgió una gran tormenta. Las olas comenzaron a golpear contra la barca, la cual empezó a llenarse de agua y estaba en aparente peligro de naufragar.

Jesús dormía en una almohada en el cabezal de la barca, ajeno a la tormenta, confiado en que Dios lo había llamado a ir al otro lado del lago y que le aseguraría su llegada segura allí. Los discípulos despertaron a Jesús en medio de su temor y expresaron: «Maestro, ¿no tienes cuidado que perecemos?» (v. 38). ¿Cuántas veces le hemos dicho lo mismo al Señor en medio de nuestra adversidad? «¿No te importa Señor que esté ocurriéndome esto?».

Jesús se levantó, reprendió al viento y le dijo al mar: «Calla, enmudece» (v. 39). El viento cesó y se hizo gran calma. Entonces Jesús se volvió a sus discípulos y los cuestionó: «¿Por qué estáis así amedrentados? ¿Cómo no tenéis fe?» (v. 40).

Dios ha dado a cada uno de nosotros una medida de fe (ver Romanos 12:3), y espera que la usemos para vencer nuestro temor. Esto es importante porque el miedo siempre es un componente de la adversidad. Un grado de miedo es parte de lo que hace que una situación sea una adversidad en lugar de solo otra experiencia. El temor es parte de la dimensión negativa de la adversidad.

Generalmente tememos una pérdida irreversible de alguna clase. Podemos temer una pérdida de vida, extremidades o cordura. En la mayoría de casos tememos cosas más sutiles: pérdida de reputación, posición, oportunidad o de una relación. El miedo nos hace proyectar lo peor que puede suceder: que nunca nos recuperaremos, que se perderá toda esperanza y que nunca volveremos a disfrutar de algo.

La fe nos cuenta la historia contraria. Nos dice que Dios tiene el control, y que cuando Él tiene el control, todas las cosas obran para nuestro bien (ver Romanos 8:28). La fe declara que nos recuperaremos y que nuestro estado final será mejor que todo lo que hayamos experimentado hasta ahora. La adversidad puede cuestionar nuestra fe, pero sobre todo, llama a actuar a nuestra fe. Las pruebas revelan aspectos en que nuestra fe es débil y necesita crecer. La adversidad revela aspectos en los cuales debemos actuar en fe y no temer. Cuando se presentan dificultades debemos decirnos: «Ahora es el momento de usar mi fe en una manera nueva». Mientras más utilicemos nuestra fe, más crece.

La adversidad actúa en nuestra vida como un espejo. Revela las áreas en que debemos mejorar, desde el punto de vista de Dios. Así que no desperdiciemos una adversidad. Aprendamos todo lo que podamos de cada una. En realidad, podemos *avanzar a través de la adversidad* si estamos dispuestos a examinar más de cerca los atributos en nuestra vida que se revelan en tiempos difíciles.

9. «Si alguno de vosotros tiene falta de sabiduría, pídala a Dios, el cual da a todos abundantemente y sin reproche, y le será dada. Pero pida con fe, no dudando nada; porque el que duda es

semejante a la onda del mar, que es arrastrada por el viento y echada de una parte a otra» (Santiago 1:5-6). ¿De qué maneras alguien que carece de fe se parece a una ola del mar que es arrastrada por el viento y echada de una parte a otra?

....

....

....

....

....

....

....

....

....

....

10. «En lo cual vosotros os alegráis, aunque ahora por un poco de tiempo, si es necesario, tengáis que ser afligidos en diversas pruebas, para que sometida a prueba vuestra fe, mucho más preciosa que el oro, el cual aunque perecedero se prueba con fuego, sea hallada en alabanza, gloria y honra cuando sea manifestado Jesucristo» (1 Pedro 1:6-7). Según este pasaje, ¿cómo demuestran las pruebas «la autenticidad de nuestra fe»? ¿Por qué es importante esta prueba?

....

....

....

....

....

....

....

....

....

....

....

....

HOY Y MAÑANA

Hoy: Dios usa la adversidad para enseñarme lecciones importantes y fortalecerme más en Él.

Mañana: Le pediré al Señor que me ayude a hacer buen uso de la adversidad, en lugar de desperdiciarla.

ORACIÓN FINAL

Padre, no nos gusta aceptar lo que la adversidad revela acerca del estado de nuestro corazón: la opinión que tenemos de ti, el lugar que damos a las posesiones materiales, nuestra debilidad, nuestra renuencia a perdonar y nuestra fe en ti. Oramos para que quites cualquier amargura dentro de nosotros hacia ti por permitir que en nuestra vida sucedan adversidades; oramos porque derritas nuestros corazones amargados y nos ayudes a ver que hay una forma de regocijarnos en medio de nuestra aflicción. Ayúdanos a saber que puedes sacar triunfo, bendición, utilidad y bondad incluso del sufrimiento más intenso. Amén.

OBSERVACIONES Y PETICIONES DE ORACIÓN

Use este espacio para escribir todos los puntos clave, preguntas o peticiones de oración del estudio de esta semana.

LECCIONES QUE PABLO APRENDIÓ DE LA ADVERSIDAD

EN ESTA LECCIÓN

Aprendizaje: ¿No es único mi sufrimiento?

Crecimiento: ¿Cómo puedo manejar la adversidad cuando me siento tan solo?

Mencioné en una lección anterior algunas de las adversidades que Pablo enfrentó. Ahora deseo examinar lo que el apóstol aprendió de su «aguijón en la carne». Una vez más, no se nos dice específicamente lo que Pablo experimentó, pero la palabra para *aguijón* que Pablo usa en 2 Corintios 12:7 se refiere a una estaca afilada y puntiaguda, no a una pequeña espina de jardín. Pablo soportó intenso dolor y sufrimiento.

Además, el apóstol dijo que el aguijón era «un mensajero de Satanás que me abofetee». La expresión griega traducida *abofetee* es la misma palabra (traducida *bofetadas*) usada para describir la terrible experiencia que Jesús soportó en Marcos 14:65: «Algunos comenzaron a escupirle, y a cubrirle el rostro y a *darle de puñetazos*, y a decirle: Profetiza. Y los alguaciles le daban de bofetadas». El aguijón en la carne de Pablo incluía angustia implacable, como una golpiza o paliza.

La adversidad viene a cada uno de nosotros en muchas formas y en varios grados, pero siempre podemos estar seguros de una cosa: la persona que experimenta adversidad siente dolor, quizás no de manera visible, pero siempre en forma emocional, mental o espiritual. La descripción que Pablo hace de su experiencia revela algunos principios sobre la adversidad que podemos aplicar a nuestra vida:

- Debemos orar por liberación en momentos de adversidad.
- Debemos reconocer que no estamos solos en nuestras pruebas.
- Debemos confiar en el Señor aunque Él no quite las dificultades.
- Siempre podemos confiar en que el poder divino nos acompaña durante la adversidad.

Orar por liberación

Pablo le pidió al Señor que lo liberara de su adversidad. Él reconoció que Dios le había permitido experimentar el aguijón en la carne por una buena razón (para que no se exaltara sobremanera); sin embargo, le suplicó al Señor que lo librara de su dolor. Las Escrituras no nos reprenden por orar para ser libres de la adversidad. Mientras oraba en el huerto de Getsemaní, aun Jesús pidió también ser liberado de una muerte horrenda (ver Mateo 26:39).

Somos sabios al pedirle a nuestro Padre celestial que nos libre de la angustia que sentimos al enfrentar adversidades. Tal oración no es una ilusión, sino una declaración de fe en que sabemos que Dios puede liberarnos y nos liberará de nuestra angustia. Nuestra liberación puede que no ocurra de inmediato, pero podemos confiar con seguridad en que el Señor contestará nuestra oración a su manera y en su tiempo.

1. ¿Cuándo le ha pedido usted al Señor que lo libere de angustia, dolor o adversidad? ¿Cómo respondió Él esa oración?

....

....

....

....

....

....

....

....

2. ¿Qué lecciones aprendió usted en el pasado a través de la adversidad? ¿Qué lecciones podría estar Dios enseñándole en la actualidad?

....

....

....

....

....

....

....

RECONOCER QUE NO ESTAMOS SOLOS

Pablo reconoció que no estaba solo en su adversidad. Se volvió al Señor, quien le manifestó: «Bástate mi gracia; porque mi poder se perfecciona en la debilidad» (2 Corintios 12:9). Pablo estaba muy consciente de que Dios estaba con él en lo que experimentaba.

¡Qué consuelo es saber que el Señor está con nosotros y que nunca nos dejará! La promesa de Dios a su pueblo a través de las edades ha sido: «No te dejaré, ni te desampararé» (Josué 1:5). Jesús prometió a sus discípulos: «Yo estoy con vosotros todos los días, hasta el fin del mundo» (Mateo 28:20). Pasemos lo que pasemos hoy día, el

Señor está con nosotros. No nos abandonará en medio de nuestras tribulaciones, aunque creamos que el Señor está callado.

Con frecuencia nos frustramos al atravesar adversidades y el Señor no nos habla como hizo con Pablo. Podemos encontrarnos diciendo: «¿Dónde está Dios?». No obstante, debemos estar conscientes de que aunque quizás Dios no nos hable, está *con* nosotros. El silencio no debe equipararse con inactividad. Dios está moviéndose tras bambalinas en maneras que no podemos saber con nuestros sentidos.

Cuando Dios está callado solo tenemos una opción razonable: confiar en Él, esperar en Él y creer que Él está actuando a nuestro favor. Dios puede estar *callado*, pero no ha *renunciado* a nosotros.

3. «Sean vuestras costumbres sin avaricia, contentos con lo que tenéis ahora; porque él dijo: No te desampararé, ni te dejaré» (Hebreos 13:5). ¿Cuándo ha sentido que Dios lo ha abandonado? ¿Qué se requiere de usted para creer la promesa de Dios en este versículo?

4. ¿Por qué menciona el escritor de Hebreos la avaricia en esta conexión? ¿Qué tiene que ver la avaricia con la adversidad?

CONFIAR EN EL SEÑOR

Pablo debió enfrentar que Dios no iba a eliminar la adversidad. En ningún momento el apóstol afirmó que el Señor iba a sanarlo del aguijón en la carne. Dios le dejó en claro que lo escuchó tres veces pedir liberación, pero no iba a darle ni liberación ni alivio. Sin embargo, iba a darle paz.

¡Qué difícil debió haber sido aceptar eso para Pablo! Él era un hombre de gran fe, quien llevó liberación y curación a muchos, que obviamente era amado por Dios y por creyentes a lo largo del mundo griego. No obstante, Dios no iba a liberarlo de una aflicción obviamente dolorosa. Muchos cristianos experimentan situaciones parecidas. Un médico les dice que una enfermedad es terminal, o se dan cuenta de que una relación no se reconciliará, o enfrentan alguna otra situación que no resultará como esperaban. En ocasiones Dios contesta nuestras oraciones diciendo «no», y cuando eso ocurre pueden aparecer desánimo y desesperación. Pero debemos recordar las palabras del Señor para Pablo: «Bástate mi gracia».

Puede que el Señor no elimine nuestro problema, pero nos compensará plenamente por ello. De cualquier manera que seamos débiles, Él va a ser fuerte. Rellenará las grietas de nuestro sufrimiento y desaliento con su presencia. Aquello que no somos, Él será. Lo que no podemos hacer, Él lo hará. El Señor dice que su gracia *basta*, no que *bastó* ni que *bastará*. Confiar en Dios es una experiencia de momento a momento y de día a día. Cuando confiamos en Dios, Él transmite su gracia. Lo que hizo por Pablo, lo hará por usted y yo.

El salmista escribió: «Dios es nuestro amparo y fortaleza, nuestro pronto auxilio en las tribulaciones» (Salmos 46:1). Un «pronto auxilio» no significa que Dios actuará de inmediato para eliminar la causa de nuestra tribulación; más bien, significa que el Señor es «muy pronto» en ayudarnos. Él está íntimamente relacionado con nosotros e inseparablemente vinculado con nuestro problema. ¡Él está presente! El salmista sigue diciendo en los versículos 2-3 que debido a que Dios es nuestro amparo, fortaleza y pronto auxilio:

Por tanto, no temeremos,
aunque la tierra sea removida,

y se traspasen los montes al corazón del mar;
 aunque bramen y se turben sus aguas,
y tiemblen los montes a causa de su braveza.

La mayoría de las personas que experimentan un terremoto o una tormenta violenta en el mar viven momentos de terror. Y sin embargo, el salmista declara que podemos tener gran paz de corazón y mente cuando sabemos que Dios está con nosotros en nuestra dificultad y que no nos abandonará. Nuestra confianza está en el hecho de que «Jehová de los ejércitos está con nosotros» (v. 7).

5. ¿Cuándo se ha dado cuenta usted que el Señor no iba a liberarlo de la angustia de un problema? ¿De qué manera ve usted que Dios camina a su lado?

....

....

....

....

....

....

....

....

....

6. ¿Cuándo se ha vuelto consciente de la presencia de Dios en su vida o en la vida de alguien más? ¿De qué manera las palabras de salmo 46 lo animan durante momentos de prueba?

....

....

....

....

....

....

....

....

....

....

Confiar en el poder de Dios

Por último, Pablo descubrió que el poder de Dios alcanza su punto máximo en el momento más bajo de tribulación. El apóstol escribe: «Por lo cual, por amor a Cristo me gozo en las debilidades, en afrentas, en necesidades, en persecuciones, en angustias; porque cuando soy débil, entonces soy fuerte» (2 Corintios 12:10). Pablo estaba afirmando que aprendió por experiencia, que cuando permitió que la gracia del Señor bastara en su debilidad, como resultado él fue realmente más fuerte.

Consideremos por un momento a una persona que intenta reparar el motor de un auto viejo, se da por vencido y finalmente vende su «balde de tornillos» a un mecánico experto. Este mecánico quita el motor viejo y lo reemplaza con otro completamente reconstruido, lo que le da gran velocidad y potencia al carro viejo. Las personas ven el vehículo en las calles con su chasís anticuado y casi antiguo, y declaran: «¿Quién habría creído que un automóvil viejo y desgastado como ese podría tener tal potencia?». Bueno, no es el chasís lo que cambió la fuente de energía debajo del capó. Eso era lo que Pablo estaba diciendo en cuanto a su vida. Mientras más débil era, más lo energizaba la presencia y el poder de Dios, y en consecuencia era más fuerte.

No hay placer que se derive de enfermedades, reproches o persecuciones. Pero si creemos que la gracia de Dios se manifiesta en nuestras vidas por medio de la adversidad, entonces podemos gozarnos en ese hecho. Las bendiciones espirituales recibidas del Señor durante un tiempo de prueba ensombrecerán el dolor causado por la adversidad misma. El sufrimiento causado por la adversidad es limitado; puede parecer que lo abarca todo, pero está limitado tanto en alcance como en tiempo. Las bendiciones espirituales que el Señor ofrece son ilimitadas. Sobrepasan todo entendimiento y se extienden más allá del tiempo hasta la eternidad.

Si el Señor no elimina las adversidades de nuestra vida, permitirá que vivamos con ellas en forma triunfal y con una paz interior que sobrepasa la razón. Mientras mayor la adversidad, más brilla la gloria del Señor a través de la situación.

7. «Por amor a Cristo me gozo en las debilidades, en afrentas, en necesidades, en persecuciones, en angustias; porque cuando soy débil, entonces soy fuerte» (2 Corintios 12:10). ¿Qué exactamente estaba disfrutando Pablo? ¿Se complacía en la adversidad, o en algún resultado de ella? Explique.

8. En términos prácticos, ¿cómo puede usted tener placer incluso en momentos de dolor? ¿Qué parte representa su pensamiento en este proceso?

DIOS CUBRE NUESTRAS DEBILIDADES

Pablo declaró con valentía que se jactaba alegremente de sus enfermedades porque era en ellas que «el poder de Cristo» reposaba en él (2 Corintios 12:9). El apóstol no se avergonzaba de tener un aguijón en la carne. No le avergonzaba que el Señor no se lo hubiera quitado. No escondía su enfermedad ante los corintios. Al mismo tiempo, no se jactaba de sus males para causar compasión en ellos o hacerles creer que de alguna manera era especial. Pablo ponía continuamente la mirada en Cristo, quien hacía que la enfermedad del apóstol fuera soportable y parte de su testimonio.

Debemos ser sabios y seguir el ejemplo de Pablo. Nuestras debilidades no son algo de lo que debamos avergonzarnos. Pero tampoco son algo de lo cual quejarnos o que debamos resaltar como si dijéramos: «Estoy en desventaja en este aspecto, por lo que el Señor *tiene* que cuidar de mí». Más bien, nuestro testimonio debe ser algo así: «¡Simplemente miren lo que el Señor puede hacer! Heme aquí, en una situación desesperada [o en gran confusión o sufrimiento], ¡y vean cuán bueno y cuán grande es nuestro Dios!».

Con los años he experimentado en forma personal algunos momentos increíblemente dolorosos en mi vida. Al mismo tiempo, Dios ha bendecido a Ministerios en Contacto en maneras que están casi más allá de mi comprensión. En el mundo natural, una persona diría: «Eso no puede ser. Un líder debe ser fuerte e influyente en todos los ámbitos de su vida, a fin de que la organización crezca y se destaque». Doy testimonio de lo contrario. Dios se ha mostrado fuerte en mis horas de mayor debilidad. Él está logrando lo que desea lograr, no debido a *mis* fuerzas, sino a que he permitido que *sus* fuerzas cubran mi debilidad.

Según declara el himno «A Dios sea la gloria»:

A Dios sea la gloria, que al mundo Él dio
A su Hijo bendito, que por nos murió;
Expió los pecados de quien en Él cree,
Y abriónos la senda hacia Dios por la fe.
¡Gloria a Dios! ¡Gloria a Dios!
Que de tal modo amó
Al que lejos de Él en pecado se halló;
Venid por el Hijo al gran Dios Salvador,
Y dadle la gloria por tan grande amor.

A Dios sea la gloria... ¡que al mundo Él dio! Lo que Dios hizo por Pablo, y lo que el Señor ha hecho por mí, lo hará por usted cuando experimente adversidad que amenace arrasarlo internamente. Dios lo levantará por su poder y en su poder.

9. «Estad siempre gozosos. Orad sin cesar. Dad gracias en todo, porque esta es la voluntad de Dios para con vosotros en Cristo Jesús» (1 Tesalonicenses 5:16-18). En la práctica, ¿cómo se goza una persona durante épocas de sufrimiento? ¿Cómo lo hizo Pablo? Explique.

....

....

....

....

....

....

....

....

....

....

....

....

10. ¿Por qué Pablo expresa: «Dad gracias *en* todo», en lugar de: «Dad gracias *por* todo»? ¿Cuál cree usted que es la diferencia entre esas dos declaraciones?

....

....

....

....

....

....

....

....

....

....

....

....

....

....

HOY Y MAÑANA

Hoy: Nunca estoy solo, ni siquiera cuando mi vida parece la más sombría.

Mañana: Confiaré en el Señor en medio de adversidades, aunque Él no elimine el sufrimiento.

ORACIÓN FINAL

Padre, gracias por amarnos y por no contestar toda petición que te hacemos, pues no queremos sufrir aquí ni queremos sufrir allá. Gracias por escucharnos sin reprendernos, por no hacernos sentir culpables o enojarte con nosotros, sino simplemente recordarnos amorosamente lo que le recordaste a Pablo: «Bástate mi gracia». Suplico por quienes no han descubierto tu amor y se sienten en realidad «abofeteados» por la vida, de modo que puedan recibir a Jesucristo como su Salvador y Señor. Oro porque les muestres cómo vivir en victoria al llegar a ti en rendición total. Gracias porque cuando somos débiles, tú eres fuerte. Amén.

Notas de adversidad y peticiones de oración

Use este espacio para escribir todos los puntos clave, preguntas o peticiones de oración del estudio de esta semana.

AVANCEMOS A TRAVÉS DE LA ADVERSIDAD

EN ESTA LECCIÓN

Aprendizaje: ¿Qué significa realmente «Avanzar a través de la adversidad»?

Crecimiento. ¿Cómo puedo beneficiarme de los momentos de dificultad?

El tema de todo este estudio ha sido cómo podemos *avanzar* a través de la adversidad. Sin embargo, ¿para qué avanzamos? ¿Cuál es el fin al que debemos aspirar cuando atravesamos tiempos de angustia, aflicción o pruebas? En esta lección trataremos específicamente con tres metas que podemos buscar durante épocas de adversidad. Las expreso aquí como oraciones a continuación:

- «Señor, purifica y aumenta mi fe como resultado de este tiempo de tribulación».

- «Señor, como consecuencia de esta adversidad dame mayor compasión por los demás, especialmente quienes no te conocen».
- «Señor, usa esta prueba en mi vida a fin de prepararme para ministrar consuelo, ánimo y tu Palabra a los demás».

Podemos hacer estas oraciones con confianza, porque el Señor desea responder a cada una de ellas con un rotundo «sí».

AVANZAR HACIA UNA FE MAYOR Y MÁS PURA

Cuando los trabajadores quieren refinar un metal precioso como oro o plata, primero lo calientan a temperaturas sumamente altas para que se vuelva líquido. Cualquier cosa que sea impureza o escoria flota hacia la parte superior de la caldera. La escoria se elimina, dejando el metal puro y casi traslúcido. Solo cuando el metal es puro, los trabajadores lo vierten en moldes donde se enfría y convierte en raros y preciosos lingotes. El Señor utiliza la adversidad en una manera similar en nuestras vidas para purificar nuestra fe. Quiere que tengamos una fe tanto perfecta como probada.

La fe puede verse en dos maneras: por cantidad y por calidad. Con frecuencia la fe se describe en la Biblia por cantidad: poca, grande o perfecta. *La poca fe* expresa: «Dios puede hacerlo, pero quizás no lo haga». *La fe grande* dice: «Dios puede hacerlo, y lo hará». *La fe perfecta* declara: «Dios asegura que hará esto, así que ya está hecho». Cuando poseemos fe perfecta no tenemos absolutamente ninguna duda de que Dios es Dios en todo momento y toda circunstancia de nuestra vida. Realmente vivimos por su Palabra, confiando en que Él cumpla en nosotros cada detalle de ella.

La fe también tiene tres tipos de calidad: heredada, libro de texto y probada. *La fe heredada* es fe que hemos recibido de un padre o un pastor. Creemos que la fe funciona porque la hemos visto funcionar en las vidas de otros. Creemos en Cristo Jesús porque otros han creído en Él. Reconocemos la Palabra de Dios como verdadera y poderosa porque la hemos visto experimentada y en acción en las vidas de aquellos en quienes confiamos. Pablo le recordó a Timoteo que su fe habitó primero en su abuela Loida y en su madre Eunice (ver 2 Timoteo 1:5). Timoteo se había criado en la fe.

La fe del libro de texto es fe de la Biblia. Es fe principalmente mental. Leemos lo que la Biblia dice y declaramos: «Creo que eso es cierto. Lo que la Biblia muestra es la verdad de Dios para la humanidad». Creemos las historias que leemos en la Biblia. Creemos que Pablo y los demás escritores nos dicen la verdad en los libros y las cartas que son parte del Antiguo y el Nuevo Testamento. Creemos en Dios porque, como afirma la vieja canción evangélica: «La Biblia dice así».

Es importante poseer tanto la fe heredada como la del libro de texto. Nos beneficiamos en gran manera al crecer en familias en que se imparte el amor de Dios y se enseña la Biblia. Aumenta nuestra fe leyendo la Palabra de Dios y escuchando sermones basados en la Biblia. Pero el tercer tipo de fe, la fe probada, es la más importante.

Demostramos *fe probada* cuando probamos por nosotros mismos los principios de la Biblia en tiempos de adversidad. Es el tipo de fe descrita en 1 Pedro 1:6-7: «Por un poco de tiempo [...] tengáis que ser afligidos en diversas pruebas, para que sometida a prueba vuestra fe [...] sea hallada en alabanza, gloria y honra cuando sea manifestado Jesucristo». Cuando usamos nuestra fe en momentos de adversidad, podemos confiar en que Dios nos dará una fe más grande; en otras palabras, Él la hace crecer hasta que se convierta en fe perfecta. Y podemos estar seguros de que estamos adquiriendo fe probada.

Elías tuvo fe probada en Dios. El Señor lo envió al arroyo de Querit, y Elías obedeció. Allí junto al arroyo el Señor lo alimentó con pan y carne que le llevaban cuervos. Sin duda Elías llegó a contar con que las aves aparecieran en la mañana y en la tarde con su ración diaria de parte de Dios. Elías tenía satisfechas sus necesidades con suficiente comida para consumir y agua para beber.

Pero entonces el arroyo se secó. La Palabra del Señor vino otra vez a Elías: «Levántate, vete a Sarepta de Sidón». Elías obedeció. Allí en Sarepta una viuda le preparó una torta con lo último de aceite y harina que le quedaba, y Dios hizo el milagro de que la vasija de aceite y el recipiente de harina no se acabaran. De la interminable fuente la mujer siguió teniendo alimento para ella, para su hijo y para Elías hasta que el hambre terminó y volvió a haber comida disponible. Elías había experimentado la provisión del Señor y anunció a la viuda que Dios iba a proveer para ella, a pesar de lo que sus circunstancias dijeran. Eso es fe: saber que Dios cumplirá su Palabra y cuidará de sus hijos, independientemente de la severidad de una situación (ver 1 Reyes 17).

¿Cómo la adversidad purifica nuestra fe? *En primer lugar, nuestra fe es valiosa no porque tengamos fe, sino debido a Cristo Jesús, quien es el objeto de nuestra fe.* Ese objeto de nuestra fe define nuestra fe. Jesús es puro, y el atributo que da a nuestra fe es pureza.

Segundo, la adversidad nos despoja de todo, menos de Cristo. En momentos de adversidad nos damos cuenta de que nada más que Jesucristo satisface, y que nada es seguro excepto la presencia de Cristo en nuestra vida. El dinero en que confiamos puede perderse. Los amigos en quienes ponemos nuestra fe pueden abandonarnos. La casa en que nos sentimos seguros puede incendiarse. Cuando la adversidad nos ha quitado todo vemos claramente que Jesucristo permanece. Solo Él es total y eternamente firme.

La fe probada perdura porque se basa en nuestro conocimiento y experiencia personal de que Dios perdura. Él quiere que tengamos una fe probada pura y perfecta. Por tanto, Dios responderá «sí» cuando oramos: «Señor, purifica, aumenta y prueba mi fe como resultado de que yo atraviese esta época de tribulación».

1. «Nos gloriamos en las tribulaciones, sabiendo que la tribulación produce paciencia; y la paciencia, prueba; y la prueba, esperanza» (Romanos 5:3-4). ¿Por qué nos «gloriamos» en nuestras tribulaciones?

....

....

....

....

....

....

....

....

2. ¿Cuál es el proceso de refinación que Pablo describe en este pasaje en relación con nuestra fe?

....

....

....

....

....

....

Avanzar hacia una compasión mayor

La adversidad puede darnos un parentesco especial de espíritu con otras personas y hacer que sintamos mayor compasión por ellas. Cuando padecemos dolor nos asombra la manera en que muchos otros han experimentado ese mismo sufrimiento, al cual podríamos haber estado ciegos en el pasado.

Muchas personas me han contado que cuando se sentían seguras y felices en sus matrimonios nunca sintieron mucha simpatía por quienes se habían divorciado. Pero cuando sus propios matrimonios se desintegraron, descubrieron que tenían mucha mayor compasión por los divorciados. Lo mismo es cierto con relación a la enfermedad. Quienes padecen o han padecido la misma enfermedad potencialmente mortal de aquel a quien acaban de diagnosticársela, son posiblemente los que muestran mayor compasión por el enfermo. Sé que, como resultado de mis propias experiencias en estas áreas, me relaciono con los demás en una manera más comprensiva.

Es posible que *deseemos* tener más empatía por personas en ciertas circunstancias, pero rara vez *tendremos* gran empatía a menos que nos haya afligido el mismo problema. Ciertamente, como creyentes en Cristo podemos tener esta empatía por quienes no conocen personalmente al Señor. Hemos sido liberados de la angustia y la adversidad forjadas por el pecado. ¡Cuánto más deberíamos condolernos por aquellos que aún viven en pecado; ¡deberíamos querer interceder en oración y extendernos en amor hacia ellos y predicarles el evangelio de Cristo! La adversidad nos endurece o nos suaviza. Si dejamos que nos endurezca, estaremos sujetos a más adversidades. Si permitimos que nos suavice, la adversidad podrá llevarnos a avanzar en nuestra compasión por los demás.

El Señor quería que Jeremías aprendiera esta lección, por lo que le dijo: «Levántate y vete a casa del alfarero, y allí te haré oír mis palabras» (18:2). Entonces Jeremías fue a la casa del alfarero, y allí encontró a un hombre haciendo algo en su rueda. La vasija que el alfarero hacía de barro estaba de alguna manera estropeada, por lo que nuevamente aplastó el barro, lo puso a girar en la rueda y comenzó a convertirlo en otra vasija, una que le pareció buena. Dios le dijo a Jeremías: «¿No podré yo hacer de vosotros como este alfarero, oh casa de Israel? [...] He aquí que como el barro en la mano del alfarero, así sois vosotros en mi mano, oh casa de Israel» (v. 6).

El Señor desea ver ciertas características en nosotros a fin de poder obrar una y otra vez como si fuéramos barro en sus manos, hasta que manifestemos esas características que Él desea. La compasión por otros es una de tales características. La compasión da lugar a la paciencia, a la generosidad, a la bondad y a las acciones arraigadas en amor. La compasión llevó a Jesús a curar personas y darles palabras de bendición vivificante. La compasión nos mueve a rescatar del diablo a personas y llevarlas a Jesucristo, la fuente de todo lo bueno.

Permitamos que la adversidad haga la buena obra de compasión. Confiemos en que el Señor responderá siempre «sí» a esta oración: «Señor, concédeme mayor compasión por los demás, especialmente por quienes no te conocen».

3. «Sed todos de un mismo sentir, compasivos, amándoos fraternalmente, misericordiosos, amigables; no devolviendo mal por mal, ni maldición por maldición, sino por el contrario, bendiciendo, sabiendo que fuisteis llamados para que heredaseis bendición» (1 Pedro 3:8-9). ¿Qué significa para usted ser *compasivo* y *amarse fraternalmente*?

....

....

....

....

....

....

4. ¿Qué significa ser *amables*? ¿Qué significa *bendecir* a otros? Brinde un ejemplo práctico de cada caso.

....

....

....

....

....

....

....

5. ¿Cuándo ha devuelto usted mal por mal? ¿Cuándo ha devuelto una bendición a alguien que le ha injuriado? ¿Cuáles fueron los resultados?

....

....

....

....

....

....

....

....

Avanzar hacia una nueva dimensión de ministerio

La adversidad nos prepara en formas únicas para el ministerio. Dios quiere que todos participemos en el ministerio de consolar a otros. Pero es un consolador muy malo quien nunca ha necesitado consuelo. La adversidad nos prepara para ministrar a otros como nadie más puede hacerlo.

Hubo una época en mi vida en que daba poco consuelo a quienes atravesaban momentos emocionalmente difíciles. Gran parte de mí creía que si las personas simplemente confesaban su pecado podían hallar paz mental y vivir felices para siempre. Todo eso cambió cuando pasé momentos emocionalmente difíciles en mi propia vida. Ahora puedo sentir el dolor de un hombre o una mujer que van a mi oficina y lloran. Puedo identificarme con aquellos que buscan desesperadamente un cambio en sus vidas, pero que no saben por dónde empezar. Puedo relacionarme con quienes están frustrados y sin embargo son incapaces de determinar la naturaleza de sus heridas. Sé mejor cómo consolarlos, incluso mientras los aconsejo.

Hay una diferencia entre nuestra habilidad para ministrar a los demás la Palabra de Dios y nuestra habilidad para ministrar a los demás. Para ministrar la Palabra de Dios debemos conocer la Biblia y ver cómo se aplica a diversas situaciones. Pero necesitamos más que conocimiento de la Palabra si una persona debe recibir nuestra ministración. A fin de ministrar a la gente necesitamos fe probada, compasión y la capacidad de condolernos con sus sentimientos, aunque no necesariamente con su situación exacta. Como ya hemos analizado en esta lección, la fe probada y la compasión se derivan en gran medida del infortunio. La adversidad nos prepara para ministrar personas, consolarlas, animarlas y llevarlas a que confíen en Dios, a que crean la Palabra de Dios y esperen lo mejor de Él.

Consolar a otros es transmitirles fortaleza y esperanza. Con fortaleza quiero decir las fuerzas de Cristo. Nuestro objetivo como consoladores es llevar a las personas de confiar en sus propias fuerzas a confiar en las de Cristo Jesús. Cada vez que leo la biografía de un gran santo me siento animado por la gracia de Dios hacia esa persona cuando paso momentos de adversidad y dificultad. Me pongo a pensar: «Si Dios sostuvo a este ser humano al pasar tales pruebas, también me sostendrá». El testimonio de la persona me transmite fortaleza y me motiva a seguir adelante en lugar de rendirme.

Transmitir esperanza es permitir que otros dejen de enfocarse en sus circunstancias inmediatas y se enfoquen en las cosas eternas. No comprenderemos por completo mucho de nuestro sufrimiento hasta que veamos a Jesús. Pero tenemos la esperanza de verlo, y Él unirá los cabos sueltos de nuestras vidas en una manera que tenga sentido.

Pablo describe esta esperanza en 2 Corintios 4:16-18: «Por tanto, no desmayamos; antes aunque este nuestro hombre exterior se va desgastando, el interior no obstante se renueva de día en día. Porque esta leve tribulación momentánea produce en nosotros un cada vez más excelente y eterno peso de gloria; no mirando nosotros las cosas que se ven, sino las que no se ven; pues las cosas que se ven son temporales, pero las que no se ven son eternas».

No olvidemos que fue solo después que los discípulos sufrieron la adversidad de la crucifixión y resurrección de su Señor que Jesús les ordenó: «Id, y haced discípulos a todas las naciones, bautizándolos en el nombre del Padre, y del Hijo, y del Espíritu Santo; enseñándoles que guarden todas las cosas que os he mandado; y he aquí yo estoy con vosotros todos los días, hasta el fin del mundo» (Mateo 28:19-20).

Cuando atravesamos adversidades con una fe más fuerte y una compasión mayor, pronto encontramos personas a quienes podemos ministrar fortaleza y esperanza. Al hacerlo hallamos un propósito ampliado para nuestras vidas y un sentimiento más profundo de satisfacción interior de que Dios nos está utilizando para cumplir su plan en la tierra. El Señor siempre responde «sí» a la oración: «Señor, usa esta adversidad en mi vida con la finalidad de prepararme para ministrar consuelo, ánimo y tu Palabra a otros».

6. «Gozaos con los que se gozan; llorad con los que lloran. Unánimes entre vosotros; no altivos, sino asociándoos con los humildes. No seáis sabios en vuestra propia opinión» (Romanos 12:15-16). ¿Qué significa «asociándoos con los humildes»? ¿Qué es lo opuesto a esto?

7. ¿Qué significa ser «sabios en vuestra propia opinión»? ¿Cómo se relaciona esto con llorar con quienes lloran?

8. ¿Cómo las experiencias pasadas en su vida lo han calificado para ministrar a otros?

....

....

....

....

....

....

....

AVANZAR HACIA LA MADUREZ EN CRISTO

Un cristiano espiritualmente maduro es aquel que avanza en fe hacia una fe perfecta, probada y pura, y que puede predicar la Palabra de Dios con otros en una manera que se aplique a las necesidades y circunstancias que enfrentan. Esa persona avanza en compasión por otros hacia un nivel nuevo de ministerio, y es realmente capaz de consolar a quienes están en problemas, o que se encuentran enfermos o en cualquier tipo de necesidad. La adversidad nos obliga a crecer en Cristo si confiamos en Él en medio de nuestras pruebas y tribulaciones, y si aprovechamos esos sinsabores como oportunidades para aprender y crecer.

9. «Sed sobrios, y velad; porque vuestro adversario el diablo, como león rugiente, anda alrededor buscando a quien devorar; al cual resistid firmes en la fe, sabiendo que los mismos padecimientos se van cumpliendo en vuestros hermanos en todo el mundo» (1 Pedro 5:8-9). ¿Qué significa ser sobrio y velar frente a la adversidad?

....

....

....

....

....

....

....

10. ¿De qué manera resistimos al diablo? ¿Qué tiene que ver esta resistencia con los sufrimientos?

....

....

....

....

....

....

HOY Y MAÑANA

Hoy: La adversidad puede aumentar mi fe y darme mayor compasión por otros.

Mañana: Le pediré al Señor que use la adversidad con el fin de hacerme más productivo para su reino.

ORACIÓN FINAL

Padre celestial, purifícanos y aumenta nuestra fe como resultado de la adversidad que enfrentamos. Concédenos compasión por los demás, especialmente por quienes no te conocen. Usa la adversidad que nos ha venido para que nos preparemos en ministrar consuelo, ánimo y tu Palabra a otros. Deseamos ser vasijas disponibles y peldaños de tu amor a fin de que ayudemos a aquellos que están sufriendo en medio de sus adversidades. Queremos ayudarlos a comprender la obra maravillosa que estás haciendo en ellos a fin de que puedan enriquecer sus vidas, recibir bendición y obtener beneficio de esa adversidad. En el nombre de Jesús oramos. Amén.

OBSERVACIONES Y PETICIONES DE ORACIÓN

Use este espacio para escribir todos los puntos clave, preguntas o peticiones de oración del estudio de esta semana.

VALOR EN TIEMPOS DE ADVERSIDAD

EN ESTA LECCIÓN

Aprendizaje: ¿Qué debo hacer cuando me siento abrumado con mis problemas?

Crecimiento. ¿Cómo enfrento las adversidades y sigo sirviendo a Dios?

En muchas maneras, un momento de adversidad es como el campo de entrenamiento: riguroso, doloroso y retador. La adversidad nos hace adoptar nuevas rutinas y nuevos hábitos, nos hace desarrollar aspectos de nuestro ser (físicos, mentales, emocionales o espirituales) que podrían haber aparecido anteriormente. Las adversidades nos ponen a veces bajo la autoridad de personas que afectan nuestras vidas en formas que nos resultan extrañas. En todos estos aspectos necesitamos valor para mantener el equilibrio, ya que nos sentimos golpeados por tantos y nuevos sentimientos, limitaciones, desafíos y consejos.

Debemos tener valor para enfrentar y soportar momentos de adversidad y hacer los cambios necesarios en nuestras vidas que nuestras pruebas y dificultades nos obligan a llevar a cabo. En cada caso debemos confiar en que el Espíritu Santo nos ayuda a crecer y cambiar con el fin de seguir el ejemplo establecido por Jesucristo.

Josué conoció adversidades. Cuarenta años de vagar por el desierto lo habían calificado para entender las dificultades, las pruebas y los problemas físicos, relacionales, espirituales, emocionales y mentales. Josué también sabía que el Señor estaba con él y con el pueblo. Había estado cerca de Moisés, bajo cuya sombra creció en fe y habilidades de liderazgo.

Así que cuando llegó el momento en que el pueblo de Dios debía cruzar el río Jordán y habitar la tierra de la promesa, el Señor nombró a Josué como líder para suceder a Moisés, diciéndole: «Levántate y pasa este Jordán, tú y todo este pueblo, a la tierra que yo les doy a los hijos de Israel» (Josué 1:2).

Después Dios le habló tres veces a Josué acerca de la necesidad de tener valor, diciéndole: «Esfuérzate y sé *valiente*; porque tú repartirás a este pueblo por heredad la tierra de la cual juré a sus padres que la daría a ellos. Solamente esfuérzate y sé muy *valiente*, para cuidar de hacer conforme a toda la ley que mi siervo Moisés te mandó [...] Mira que te mando que te esfuerces y seas *valiente*; no temas ni desmayes, porque Jehová tu Dios estará contigo en dondequiera que vayas» (vv. 6-7, 9).

Observemos en este pasaje lo que Dios requirió de Josué:

- Valor para tomar decisiones que afectarían al pueblo bajo su liderazgo
- Valor para guardar las leyes y los mandamientos de Dios, aunque se estaban realizando cambios
- Valor para recordar continuamente que el Señor estaba con él, a pesar de que las circunstancias podrían indicar lo contrario

Necesitamos valor en los mismos tres ámbitos de nuestra vida cuando enfrentamos pruebas.

Extenderse a otros requiere valor

Necesitamos la sabiduría de Dios para saber cómo tratar con la gente. Nuestros tiempos de adversidad y angustia siempre involucran a nuestros seres amados. Por tanto, necesitamos valor para superar nuestro sufrimiento y ayudar a nuestros hijos, a nuestros padres, a nuestro cónyuge, a nuestros socios y a otras personas de modo que puedan sobrellevar el dolor que experimentan. Se necesita tremenda fortaleza interior cuando estamos enfermos, cuando enfrentamos una pérdida o cuando sufrimos trastornos emocionales, a fin de poder superar nuestro infortunio (haciendo de lado nuestro propio dolor y frustración interior) y preocuparnos por los demás. Sin embargo, eso es precisamente lo que el Señor nos pide hacer.

En realidad, al dejar de pensar en nosotros mismos y ayudar a otros en necesidad es que a menudo hallamos fortaleza para superar las adversidades. He visto una y otra vez personas que atravesaban tiempos difíciles y que se extendieron para ayudar a quienes sufrían igual que ellas. Las he visto beneficiarse no de lo que *recibían* de otros, sino de lo que les *daban*. Este principio de Dios desafía el razonamiento humano, pero es absolutamente cierto en el reino de Dios.

En Lucas 6:38 Jesús nos dice: «Dad, y se os dará; medida buena, apretada, remecida y rebosando darán en vuestro regazo; porque con la misma medida con que medís, os volverán a medir». Suponemos que si damos, tendremos menos de lo que teníamos. Pero a los ojos de Dios, cuando damos recibimos bendición, tanto material como espiritual.

¡Cuando creemos que no tenemos nada que dar es que debemos dar! Se necesita valor para hacer eso, pero el Señor promete concedernos valor cuando ese momento llega. Así que pidámosle que nos ayude, nos guíe y nos muestre a quiénes debemos dar. Pidámosle que revele la mejor dádiva posible, en el mejor tiempo y para obtener los mejores resultados.

1. «Sea el mayor entre vosotros como el más joven, y el que dirige, como el que sirve. Porque, ¿cuál es mayor, el que se sienta a la mesa, o el que sirve? ¿No es el que se sienta a la mesa? Mas yo

estoy entre vosotros como el que sirve» (Lucas 22:26-27). ¿Qué significa ser «como el más joven»? ¿Es ser alguien que sirve en un banquete?

....

....

....

....

....

....

....

....

....

....

2. ¿De qué manera demostró Jesús estos principios? ¿Cómo puede imitarlo usted y seguir su ejemplo?

....

....

....

....

....

....

....

....

CUMPLIR LAS LEYES DE DIOS REQUIERE VALOR

La adversidad puede desequilibrarnos. A menudo nuestras rutinas o ubicaciones cambian durante una época de tribulación. Una inundación puede obligarnos a salir de casa. Una enfermedad puede obligarnos a cambiar los hábitos laborales. La ruptura de una relación puede llevarnos a alterar nuestras rutinas normales. A veces la vida puede ser tumultuosa.

Necesitamos valor para mantenernos fieles a la Palabra de Dios y vivir de acuerdo con sus mandamientos, especialmente cuando enfrentamos desánimo, desilusión o desesperación después de la adversidad. Nuestro dolor o nuestra pérdida pueden llevarnos a pensar: «¿Qué sentido tiene obedecer a Dios? ¿Por qué he de seguir viviendo piadosamente si esto es lo que les sucede a los cristianos?». Pero recordemos que el Señor no nos promete éxito y comodidad en esta vida. Nos promete su presencia y sus recompensas eternas.

Vez tras vez en la ley de Moisés encontramos el verbo *guardar*. A los israelitas se les ordenó guardar las fiestas, guardar la ley y los mandamientos, guardar el santo día de reposo, guardar las ordenanzas, guardar sus juramentos a Dios, guardarse del mal, guardar los juicios divinos. «Guardar» significa retener y al mismo tiempo valorar. Cuando la adversidad ataca, esa debería ser nuestra forma de pensar: sobre todo lo demás, debemos aferrarnos al Señor y valorar nuestra relación con Él. En lugar de culpar a Dios o alejarnos de Él, debemos volvernos al Señor y confiar en que con su ayuda superaremos nuestros tiempos difíciles.

Moisés les declaró a los hijos de Israel: «Guardaréis, pues, las palabras de este pacto, y las pondréis por obra, para que prosperéis en todo lo que hiciereis» (Deuteronomio 29:9). Guardar las leyes de Dios al enfrentar tiempos difíciles en realidad nos lleva hacia la prosperidad, que es un mejor estado del ser. El rey David le ofreció este mismo consejo a su hijo Salomón como parte de su bendición final: «Serás prosperado, si cuidares de poner por obra los estatutos y decretos que Jehová mandó a Moisés para Israel. Esfuérzate, pues, y cobra ánimo; no temas, ni desmayes» (1 Crónicas 22:13).

Cuando la adversidad nos golpea, quienes nos rodean pueden criticarnos por aferrarnos a nuestra fe o reafirmar nuestra creencia en que Dios es un Padre celestial benévolo y compasivo. Pueden burlarse de nosotros o menospreciarnos. No nos desanimemos si eso ocurre. Sigamos guardando la Palabra de Dios y siendo fieles en nuestra relación con el Señor. Pidámosle que nos conceda valor para soportar los comentarios hirientes de otros y para poder dar un testimonio valiente acerca del poder y la presencia de Dios en nuestra vida de tribulación.

3. «Hubiera yo desmayado, si no creyese que veré la bondad de Jehová en la tierra de los vivientes. Aguarda a Jehová; esfuérzate, y aliéntese tu corazón; sí, espera a Jehová» (Salmos 27:13-14). ¿Qué significa «espera a Jehová»? Brinde algunos ejemplos prácticos.

4. ¿Por qué Dios nos ordena: «Aliéntese tu corazón»? ¿Qué papel juegan nuestras decisiones y acciones en obtener valentía?

5. ¿Cuáles son algunas maneras en que usted ha seguido confiando en Dios durante momentos de adversidad?

Valor para esperar y creer

En épocas de adversidades, las cosas pueden parecer tan sombrías y tenebrosas que nos vemos tentados a perder la esperanza. Otros podrían predecir fatalidad y animarnos a enfrentar lo que les parece inevitable. La esposa de Job fue una de tales personas. El hombre estaba cubierto de pies a cabeza con una dolorosa llaga maligna, y ella le declaró: «¿Aún retienes tu integridad? Maldice a Dios, y muérete» (Job 2:9). Job respondió: «Como suele hablar cualquiera de las mujeres fatuas, has hablado. ¿Qué? ¿Recibiremos de Dios el bien, y el mal no lo recibiremos?». Las Escrituras agregan: «En todo esto no pecó Job con sus labios» (v. 10).

Al enfrentar circunstancias negativas y luego recibir comentarios negativos de otras personas, necesitamos valor para seguir siendo positivos, ¡para continuar creyendo que el Señor está con nosotros! La esperanza y la fe no son respuestas automáticas en momentos de dificultad y prueba. Requieren un ejercicio de la voluntad, reforzado con valentía. En ocasiones debemos decirnos en voz alta: «Sé que Dios me guiará a través de esto. Sé que Él es un Padre bueno y amoroso, y que está haciendo en mí una obra buena y eterna». Si nadie más pronuncia esperanza, nosotros debemos expresarla.

Parte de la necesidad de tener valor también puede residir en la necesidad de resistir a los enemigos que avanzan contra nosotros... es decir, quienes ocasionan nuestras pruebas. Moisés se dio cuenta de que eso les ocurriría a Josué y los israelitas, y les manifestó: «Esforzaos y cobrad ánimo; no temáis, ni tengáis miedo de ellos, porque Jehová tu Dios es el que va contigo; no te dejará, ni te desamparará» (Deuteronomio 31:6).

Se necesita valor para seguir creyendo en Dios y tener esperanza en su poder sobre nuestros enemigos mientras estos intentan acabarnos. Goliat sin duda pensó que las afirmaciones de David sobre la grandeza de Dios eran ridículas cuando ambos se enfrentaron en el valle de Ela y el gigante vio un muchacho joven corriendo hacia él. Pero al final del día, David tenía la victoria en la mano y gozo en el corazón (ver 1 Samuel 17).

Así que hoy día pídale al Señor que le dé valor para seguir creyendo en Él y en que está con usted mientras atraviesa adversidades. Pídale que renueve su esperanza y su fe. Él honrará su solicitud.

6. En 2 Crónicas 19:11 leemos: «Esforzaos, pues, para hacerlo, y Jehová estará con el bueno». ¿Qué papel juega el esfuerzo en hallar valor? ¿Cómo puede nuestro esfuerzo llevar a la cobardía?

....

....

....

....

....

....

....

....

....

....

7. ¿Por qué dice el Señor que estará con su pueblo si este se esfuerza en hallar valor? ¿Cómo puede alejarnos de Dios la falta de valor?

....

....

....

....

....

....

....

....

....

....

....

....

....

....

Valor para ser como Jesús

Debemos pensar en Jesús al considerar lo que significa tener valor a fin de ayudar a otros a pesar de la intensa persecución, a fin de guardar las leyes y los mandamientos de Dios a pesar de la gran tentación, y a fin de no dejar de creer en el Padre aun en los momentos más angustiosos. Jesús fue un hombre de valor. Confió en que el Padre le daría valor, y ejerció ese valor en cumplir la voluntad del Padre para su vida. Él es nuestro ejemplo supremo.

Dios se glorifica en y a través de nosotros para que podamos ser salvos y reflejemos su vida en esta tierra. Desea que nos conformemos a su imagen con la finalidad de que otros quieran saber más acerca del amor y del poder de Dios en nosotros al vernos ayudando a las personas, declarando la verdad de la Biblia y confiando en Él a pesar de nuestras adversidades. Cuando somos valientes para hacer lo que el Señor nos ordena hacer, somos realmente sus testigos porque reflejamos su presencia en el mundo.

Nuestra vida tiene un propósito mucho más allá de la comodidad, la facilidad o el placer. Dios quiere usarnos para cumplir sus propósitos en esta tierra. Así que hoy día tengamos valor sin importar lo que podamos estar enfrentando. Dios nos da valor cuando se lo pedimos. Él honra nuestro valor para permanecer fieles a Él y a su Palabra y para entregarnos a otros a pesar de nuestra propia necesidad. ¡Una bendición maravillosa aguarda a los valientes!

8. «No seas vencido de lo malo, sino vence con el bien el mal» (Romanos 12:21). ¿Qué significa ser «vencido de lo malo»? ¿Cómo sucede esto en la vida?

....

....

....

....

....

....

....

....

9. «A cualquiera, pues, que me confiese delante de los hombres, yo también le confesaré delante de mi Padre que está en los cielos. Y a cualquiera que me niegue delante de los hombres, yo también le negaré delante de mi Padre que está en los cielos» (Mateo 10:32-33). ¿Qué significa confesar a Jesús delante de otras personas? ¿Cuándo podría alguien ser llamado a hacer esto?

....

....

....

....

....

....

....

....

....

....

....

....

....

10. ¿Qué significa que Jesús niegue a alguien delante del Padre? ¿Qué implica esto con relación a la importancia de *no* negarlo?

....

....

....

....

....

....

....

....

....

....

....

....

HOY Y MAÑANA

Hoy: El valor se gana al actuar en fe; es una decisión, no una emoción.

Mañana: Seguiré el ejemplo de Cristo, el hombre valiente de Dios.

ORACIÓN FINAL

Señor, gracias por amarnos y por darnos tan hermoso ejemplo en la vida de Jesucristo de cómo enfrentar las adversidades con valor. Sabemos que Él comprendió y experimentó pruebas como nadie más en la faz de esta tierra, y hay mucho que podemos ganar de lo que nos modeló. Te pedimos que al enfrentar pruebas y situaciones difíciles podamos responder con sumisión, compromiso y rendición. Nuestro deseo es que permitamos que tú construyas en nuestras vidas tal belleza, poder y autoridad que nos convertirá en poderosas vasijas para tu gloria. Oramos esto en el nombre de Jesús y para su causa. Amén.

OBSERVACIONES Y
PETICIONES DE ORACIÓN

Use este espacio para escribir todos los puntos clave, preguntas o peticiones de oración del estudio de esta semana.

NUESTRA RESPUESTA A LA ADVERSIDAD

EN ESTA LECCIÓN

Aprendizaje: ¿Cómo sé si la adversidad es causada por Dios o por mi propio pecado?

Crecimiento: ¿Qué debo hacer, prácticamente hablando, cuando las dificultades atacan?

Según hemos visto en este estudio, nadie puede evitar por completo las adversidades. Los vientos de la fatalidad soplan en toda dirección. El hecho seguro es que *tendremos* dificultades en nuestra vida. Sin embargo, todos tenemos el poder de escoger de qué manera reaccionar ante la adversidad. En nuestro interior tenemos el poder de nuestra voluntad para determinar cómo enfrentaremos las adversidades y cómo nos comportaremos durante épocas de prueba.

Debemos comprender que el resultado más vital que la adversidad debe producir es la formación de nuestro carácter. Este resultado es eterno y es lo más importante para nuestro Padre celestial. Las posesiones materiales pueden restaurarse, las relaciones pueden reconciliarse, el cuerpo puede curar, pero todas estas soluciones son temporales. Lo que ocurre en nuestro interior contará para siempre.

Por tanto, nuestra respuesta a la fatalidad debe ser intencional. No creceremos si tan solo seguimos la corriente; es más, podríamos debilitarnos o destruirnos si simplemente respondemos en un nivel superficial o emocional: culpando a los demás, causando lástima, amargándonos, adoptando un espíritu de venganza, mostrándonos odiosos o resentidos, o desilusionándonos de la vida y de Dios. Finalmente, si no revertimos estos patrones podemos meternos en terribles problemas, porque cada uno de estos comportamientos nos lleva a alejarnos de Dios y a desconfiar de Él.

Si nos negamos a beneficiarnos de la adversidad, en realidad decidimos ser destruidos por ella. Si nos rendimos en la espiral descendente negativa que la adversidad puede crear, descubriremos que crece (volviéndose aún más negativa y dolorosa), pues se prolongará y se volverá más destructiva, especialmente para nuestro testimonio cristiano.

Si no permitimos que el Señor medie en las pruebas y las controle, atraeremos más pruebas. Si no aprendemos ni crecemos en nuestros momentos más difíciles, perderemos terreno en lugar de avanzar. Por tanto, cuando la aflicción nos golpea debemos tomar la decisión de que, con la ayuda de Dios, atravesaremos nuestro tiempo de dificultad de mejor manera y no nos amargaremos. Debemos elegir aferrarnos a nuestra relación con Dios en lugar de hacer caso omiso al Señor o culparlo por la situación y dejar de lado nuestra fe. Debemos optar por realizar el arduo trabajo del autoexamen, en lugar de vivir en negación y culpar por las circunstancias a otros o al diablo. Este enfoque intencional ante la adversidad requiere valor. Pero esta es la única forma en que podemos avanzar en nuestro caminar espiritual.

Nuestra respuesta ante la adversidad caerá en una de dos categorías. La primera clase de respuesta será necesaria si las pruebas que enfrentamos son causadas por nuestro pecado. La segunda clase de respuesta será necesaria si la adversidad viene de Satanás, según lo permitido por Dios.

RESPUESTA A LA ADVERSIDAD CAUSADA POR PECADO

Si al examinar nuestra vida llegamos a la conclusión de que el pecado es la causa de nuestra adversidad, debemos dar cinco pasos importantes. *Primero, debemos aceptar la responsabilidad por lo que hicimos o dejamos de hacer.* Algunos pecados serán consecuencia de nuestras acciones, mientras que otros resultarán de lo que debimos haber hecho. Ambos repercuten en consecuencias negativas. Debemos reconocer nuestra parte del problema en el cual nos encontramos.

Segundo, una vez enfrentado nuestro pecado debemos confesarlo, acudiendo a nuestro Padre celestial y admitiendo ante Él que hemos pecado, que estamos realmente apenados por haber hecho lo incorrecto (y no simplemente apenados porque nos han atrapado) y que ansiamos su perdón. Sin importar lo que hayamos hecho, podemos estar seguros de que cuando le pedimos al Señor que nos perdone, Él lo hará. Mientras tengamos conciencia y aceptación ante el Padre de que hemos pecado, somos candidatos para su perdón. Él concede libremente ese perdón basado en el precio que Jesucristo pagó en la cruz por nuestra redención. No podemos ganar el perdón de Dios. Solo podemos aceptarlo.

Tercero, una vez que hayamos recibido el perdón de Dios, también debemos perdonarnos. Neguémonos a revolcarnos en los recuerdos de nuestro dolor y en autorecriminación. Con la libertad que Dios nos ha concedido para aceptar sus caminos y su justicia, tomemos la decisión de seguir adelante.

Parte de este progreso puede implicar reparar daños o buscar reconciliación con la otra persona. De ser así, actuemos rápidamente. Una vez que hemos pedido perdón y que hemos hecho enmiendas, neguémonos a vivir en el pasado o a desenterrar nuestro pecado en conversaciones futuras con la persona afectada. Mostremos una nueva vida delante de quien perjudicamos o con quien nos asociamos en el pecado por el cual pedimos perdón. Adoptemos una nueva forma de relacionarnos con dicha persona, a fin de que tanto ella como nosotros podamos vivir en rectitud.

Si la otra persona rechaza nuestra solicitud de perdón, o se niega a vivir de acuerdo con el plan de Dios, reconozcamos que hemos hecho todo lo que el Señor requiere de nosotros. Sigamos adelante en nuestra vida y neguémonos a ser frenados por la desobediencia al Padre de parte del otro.

Cuarto, al seguir adelante debemos optar por obedecer la voluntad de Dios para nuestra vida. Esto está en el mismo núcleo del arrepentimiento, lo que literalmente significa que, como un acto de nuestra voluntad, damos un giro en nuestro comportamiento. Debemos tomar nuevas decisiones que nos lleven a vivir agradando a Dios, y no de la manera en que actuamos cuando cometimos nuestro pecado. Después de esto, llevemos a cabo aquellas decisiones que hemos tomado.

Quinto, cuando avanzamos con la gracia de Dios y por el poder del Espíritu Santo que actúa en nosotros, optemos por responder positivamente ante la adversidad. Neguémonos a ceder a las quejas o lamentos respecto a la situación desafiante que enfrentamos. En lugar de eso, decidamos responder positivamente en estas maneras:

- Examinemos detenidamente nuestra vida y busquemos formas en que podamos ser personas más fuertes y positivas (especialmente en aspectos en que hemos sido débiles o negativos en nuestra manera de pensar).
- Aceptemos nuestra adversidad como una lección en la cual Dios quiere enseñarnos lo que *no* debemos hacer en el futuro.
- Agradezcamos a Dios por amarnos tanto como para no permitir que sigamos en pecado y así evitar que luego enfrentemos circunstancias más terribles.

Cuando respondemos en estas maneras ante la adversidad relacionada con pecado, nos sentiremos más limpios, más fuertes y mejor que nunca antes. Tendremos gran libertad en nuestro espíritu y gozo en nuestro andar. En realidad, habremos *avanzado* en nuestro caminar espiritual. Si no nos sentimos así después de confesarle a Dios nuestro pecado, de reparar daños y de seguir adelante en nuestra vida, volvamos a evaluar cuál de estos cinco pasos podríamos no haber completado.

1. «Pruébame y conoce mis pensamientos; y ve si hay en mí camino de perversidad, y guíame en el camino eterno» (Salmos 139:23-24). ¿Cómo, en términos prácticos, se examina espiritualmente una persona?

2. ¿Qué debemos hacer si Dios nos muestra que andamos en «camino de perversidad»?

3. ¿Cuál es «el camino eterno»? ¿Qué papel juega en esto el autoexamen?

4. ¿Cómo se siente usted cuando reconoce que ha pecado? ¿Cómo se siente después de confesar su pecado a Dios y recibir perdón?

_____

_____

_____

_____

_____

_____

_____

_____

_____

5. ¿Ha pedido alguna vez perdón a otra persona que no se lo concedió? ¿Qué hizo usted? ¿Cuál fue el resultado?

_____

_____

_____

_____

_____

_____

_____

_____

_____

RESPUESTA ANTE LA ADVERSIDAD QUE DIOS HA PERMITIDO

Como observamos en una lección anterior de este estudio, habrá ocasiones en que Dios permitirá que el enemigo produzca adversidades en nosotros. Si usted no es creyente en Cristo Jesús deberá tratar con la adversidad como si fuera consecuencia de su pecado, o más bien establecer una relación con su Padre celestial a fin de que pueda tener el beneficio pleno de la ayuda divina en medio de la crisis. Es más, Dios podría haber permitido adversidades debido a este propósito preciso: que usted se vuelva a Él y ponga su confianza en Jesucristo como su Salvador.

Sin embargo, si usted es creyente en Cristo Jesús debería dar los diez pasos siguientes al responder a la adversidad proveniente de Satanás, según la haya permitido Dios. *El primer paso es reafirmar su relación con Dios.* Tal vez usted desee revisar los pasos enumerados en la sección anterior de esta lección: «Respuesta a la adversidad causada por pecado», como un refuerzo para su propio corazón y mente de que usted se encuentra en una situación correcta delante del Padre y que Jesucristo es el Señor de su vida.

Segundo, orar por la eliminación de la adversidad. Pidamos a otros que se nos unan en oración para que Dios nos libere de las aflicciones que nos acosan. Reconocer nuestra disposición de orar puede ser la misma lección que el Señor tiene para nuestra adversidad: lograr que confiemos lo suficiente en Él como para pedirle que elimine las circunstancias difíciles. Oremos: «Libérame, Señor, y dame un corazón agradecido por la buena obra que vas a hacer».

Tercero, ceder a la programación de Dios para eliminar la adversidad. No todos los problemas se revierten instantáneamente, pero se revierten inevitablemente. Así que seamos pacientes y permitamos que Dios haga la obra completa en nosotros y en las vidas de otros que puedan estar involucrados. No nos apresuremos a juzgar ni intentemos arreglar las cosas separados de las directrices divinas.

Cuarto, reafirmar la promesa de Dios de su gracia sustentadora. Digámosle al Señor: «Confío en que estás conmigo y que me sustentarás en esta prueba para la gloria de tu nombre y mi beneficio eterno. Confío en tus fuerzas y tu presencia para superar este tiempo de tribulación». Puede que nos resulte útil recitar en voz alta versículos bíblicos en que Dios promete curar, liberar, restaurar y recompensar a su pueblo fiel. También puede resultarnos útil reunirnos periódicamente con otros que nos animen a confiar en Dios a medida que atravesamos nuestra circunstancia.

Quinto, resistir cualquier tentación de pecar o negar a Dios. Tal tentación es un ataque satánico directo a nuestra vida. La Palabra de Dios declara que debemos «resistir» al enemigo, y que cuando lo hacemos, Él huirá de nosotros (Santiago 4:7).

Sexto, comenzar a explorar maneras de poder crecer a través de esta experiencia. Un consejero piadoso puede sernos útil. Revisemos qué áreas de debilidad hay en nuestra vida y qué podríamos hacer para volvernos más fuertes en esas áreas.

Séptimo, tratar con nuestros adversarios en una manera piadosa. Jesús enseñó: «Amad a vuestros enemigos, bendecid a los que os maldicen, haced bien a los que os aborrecen, y orad por los que os ultrajan y os persiguen» (Mateo 5:44). *Amar* significa dar. No podemos amar a los demás sin darles. Así que demos algo positivo a quienes podrían estar tratando de quitarnos algo. Hablemos bien de quienes hablan mal de nosotros. Oremos por quienes quieren hacernos daño. Reconozcamos que no son hijos *de* Dios aquellos que nos hacen daño por ser hijos de Dios; más bien, actúan como mensajeros de Satanás. Hacen la obra del diablo en su nombre. Debemos odiar a Satanás, no a sus mensajeros. Cuando tratamos con amor a nuestros enemigos, les brindamos palabras de bendición y oramos por ellos, los neutralizamos. Satanás ya no puede obrar por medio de ellos.

Octavo, leer pasajes bíblicos en que las personas enfrentaron adversidades. Animémonos por el modo en que Dios las llevó victoriosas a través de la adversidad.

Noveno, reflexionar en formas en que podríamos ministrar a los demás en medio de nuestra adversidad. Consolemos, ayudemos y extendámonos a otros. No nos encerremos.

Décimo, pedir valor al Señor a fin de permanecer firmes en la fe, extendernos a otros que necesitan de nosotros y mantenernos fieles en nuestra relación con Él.

Estos diez pasos son para avanzar en nuestra vida espiritual. Al revisarlos de nuevo comprenderemos que no necesitamos adversidad para crecer en estos pasos. Sin embargo, las dificultades sirven como un curso intensivo que nos obligan a crecer en el Señor. Dios está en el proceso de edificarnos, formarnos y convertirnos en sus santos sobre la tierra. Entonces cedamos a ese proceso. Regocijémonos porque Él está conformándonos a la semejanza de Cristo Jesús.

Finalmente, como respuesta ante la adversidad debemos decir a nuestro Padre celestial: «Abre tu camino en mi vida». La adversidad nos pone de rodillas.

Mientras estemos de rodillas, reconozcamos a Jesús como Señor y humillémonos delante del Padre a fin de que Él pueda hacer su buena obra en nosotros.

6. «Cuando oréis, decid: Padre nuestro que estás en los cielos, santificado sea tu nombre. Venga tu reino. Hágase tu voluntad, como en el cielo, así también en la tierra. El pan nuestro de cada día, dánoslo hoy. Y perdónanos nuestros pecados, porque también nosotros perdonamos a todos los que nos deben. Y no nos metas en tentación, mas líbranos del mal» (Lucas 11:2-4). ¿Qué cosas debemos pedirle a Dios?

....

....

....

....

....

....

....

....

....

7. ¿Qué cosas debemos hacer nosotros mismos?

....

....

....

....

....

....

....

....

8. ¿Cómo se relacionan estas dos listas con la adversidad?

....

....

....

....

....

....

....

....

9. «Someteos, pues, a Dios; resistid al diablo, y huirá de vosotros» (Santiago 4:7). ¿Qué implica estar sometidos a Dios? ¿Qué implica resistir al diablo?

....
....
....
....
....
....
....
....
....
....
....
....
....
....

10. ¿De qué manera guardan relación estas cosas con la adversidad?

....
....
....
....
....
....
....
....
....
....
....
....
....
....
....

HOY Y MAÑANA

Hoy: Dios permite toda adversidad en mi vida para hacerme más como su Hijo.

Mañana: Buscaré con diligencia el rostro de Dios cuando llegue la adversidad.

ORACIÓN FINAL

Padre, te agradecemos y alabamos en el nombre de Jesús. Te bendecimos y honramos por quien eres: el Dios amoroso, compasivo, omnipotente y omnisciente en cuya presencia moramos veinticuatro horas cada día. En el nombre de Jesús te pedimos hoy por quienes están perdidos, por aquellos cuyas vidas son atormentadas por la adversidad, a fin de que por fe confíen en ti como su Señor y Salvador personal. Oramos porque lleguen a ti pidiéndote perdón por sus pecados y confiando en tu muerte expiatoria como pago por su maldad. Que hoy te digan «sí». Señor, oramos también porque sigas dando forma a la manera en que respondemos a medida que experimentamos adversidades y pruebas en nuestra propia vida. Amén.

OBSERVACIONES Y PETICIONES DE ORACIÓN

Use este espacio para escribir todos los puntos clave, preguntas o peticiones de oración del estudio de esta semana.

ACCIÓN DE GRACIAS EN MEDIO DE LA ADVERSIDAD

EN ESTA LECCIÓN

Aprendizaje: ¿Se supone de veras que debo agradecer por el sufrimiento en mi vida?

Crecimiento: ¿Cómo puedo usar gratitud y acción de gracias para relacionarme con Dios en medio del sufrimiento?

A lo largo de este estudio hemos visto que todas las personas experimentamos adversidades, incluso quienes seguimos a Cristo, quizás *especialmente* quienes seguimos a Cristo. Sin embargo, no tenemos que ser pasivos en nuestra experiencia con la adversidad. No debemos dejar simplemente que nos incomode y esperar que se aleje con rapidez. Por el contrario, al enfrentar pruebas y tribulaciones estamos llamados a responder de forma activa e intencional, porque proceder así trae gloria a Dios.

En esta lección examinaremos un arma secreta que, como discípulos del Señor Jesucristo, puede sobrealimentar nuestra respuesta ante la adversidad. Bueno, la mala noticia es que esta arma secreta no es algo en lo que generalmente pensamos o buscamos al experimentar pruebas. Pero la buena noticia es que esta arma no solo es poderosa, sino que también está disponible gratuitamente en un suministro ilimitado para cualquiera que decida hacerla suya.

Esta arma secreta es la acción de gracias. Se trata de gratitud. Y es una pieza crítica de nuestro arsenal cuando intentamos avanzar a través de la adversidad en servicio a nuestro Dios.

Demos gracias en todo al Señor

Notamos anteriormente que el apóstol Pablo vivió muchas adversidades. Es más, experimentó niveles extremos de tribulación en varias ocasiones a lo largo de su ministerio y misión de predicar el evangelio. Pero Pablo también sabía mucho sobre la acción de gracias. En 1 Tesalonicenses 5:16-18 escribió varias órdenes sorprendentes que debemos tomar en serio:

Estad siempre gozosos. Orad sin cesar. Dad gracias en todo, porque esta es la voluntad de Dios para con vosotros en Cristo Jesús.

Estos tres versículos son relativamente pequeños, pero sin duda tienen cierto peso en términos de contenido. «Estad siempre gozosos». Esa tarea no es muy fácil, ¿verdad? «Orad sin cesar». ¡Aquello tampoco es fácil! Pero la tercera orden puede parecer particularmente difícil de obedecer, en especial cuando tratamos con adversidades: «Dad gracias en todo».

Podríamos sentirnos un poco incrédulos al leer tales palabras. Tal vez un poco confundidos. ¿Dar «gracias en todo?». Pero no hay duda de que eso es lo que Pablo nos ordenó hacer por medio de la inspiración del Espíritu Santo. Lo sabemos porque no es la primera vez que el apóstol nos ordena hacerlo. En Efesios 5:20 escribió que debemos dar «siempre gracias por todo al Dios y Padre, en el nombre de nuestro Señor Jesucristo».

Dad gracias en todo. Dar siempre gracias por todo. Pensemos por un momento en lo que tales palabras significan realmente.

Ahora bien, este es uno de esos aspectos en que un incrédulo puede entrar en contacto con la Palabra de Dios y pensar: «Por esto es que nunca puedo ser cristiano. No podría dar siempre gracias por todo lo que me ha sucedido en la vida». Por eso, permítame ofrecer una pequeña clarificación sobre lo que estos versículos significan.

He aquí la verdad: no podemos, y no debemos, dar gracias por algo que va contra el carácter de Dios. Nunca debemos expresar gratitud o acción de gracias por una situación que es contraria a quién es Dios. Por tanto, cuando experimentamos algo como un brazo roto o cualquier padecimiento y tenemos un dolor terrible, no damos gracias por ese dolor. Cuando tratamos con soledad, tristeza o presión, no damos gracias por esas emociones. Y cuando caemos en un período de pecado, no damos gracias por ese pecado.

¿Cómo entonces podemos obedecer las órdenes de Pablo de dar gracias en todo? Decidiendo en toda circunstancia expresar acción de gracias a Dios por su *bondad* (dándole gracias porque Jesús es nuestro Salvador, nuestro Señor y nuestro Dios). Pase lo que pase, sin importar nuestro dolor, nuestras emociones difíciles o incluso nuestro pecado, podemos decir: «Señor, no comprendo por qué has permitido que esto ocurra, pero en medio de esto voy a darte gracias porque sé que me ayudarás a sobrevivir. Sé que me ayudarás a soportar el sufrimiento. Te agradeceré porque estarás conmigo en medio de todo esto».

Por tanto, no agradecemos porque ocurran cosas malas. No agradecemos por la adversidad en sí. Pero agradecemos porque creemos, en palabras de Pablo, «que a los que aman a Dios, todas las cosas les ayudan a bien, esto es, a los que conforme a su propósito son llamados» (Romanos 8:28).

1. ¿Cuál de los mandatos de Pablo en 1 Tesalonicenses 5:16-18 le resulta más difícil?: «¿Estad siempre gozosos», «orad sin cesar», «dad gracias en todo?». ¿Por qué?

2. ¿Cuándo, cómo y con qué frecuencia expresa usted gracias a Dios?

Agradecer nos mantiene consciente de la presencia de Dios

A menudo preguntamos: «¿Cuál es la voluntad de Dios para mi vida?». Algo que podemos afirmar con seguridad es que la voluntad de Dios para nosotros es que expresemos acción de gracias en toda circunstancia. Es la voluntad de Dios que agradezcamos, y que lo hagamos ahora mismo, no cuando la adversidad finalmente desaparezca. Dar gracias proporciona bendiciones en nuestra vida, especialmente cuando nos encontramos en medio de adversidad. En el resto de esta lección exploraremos cuatro razones adicionales de por qué debemos ser agradecidos en todo, comenzando con lo primero: agradecer nos mantiene conscientes de la presencia de Dios, lo cual contribuye a una vida piadosa.

Agradecer en todo a nuestro Padre celestial nos recuerda que no transitamos solos. Pese a cualquier cosa que nos lastime, a cualquier cosa que nos haga llorar, a cualquier cosa que nos haga sufrir pérdida, podemos saber esto: Dios está con nosotros. No soportamos solos esta aflicción. Si hay algo que necesitamos cuando atravesamos adversidades es la presencia de nuestro Creador todopoderoso.

Bueno, he aquí la verdad realmente maravillosa: mientras más conscientes estemos de la presencia de Dios en nuestra vida, más creceremos en piedad. Cuando somos conscientes de la presencia de Dios, se vuelve mucho más natural para nosotros mirar todo desde su punto de vista. *¿Cómo ve Dios esta aflicción? ¿Qué me ha prometido Él en medio de esto? ¿Cómo obrará en medio de esta situación?*

Además, cuando decidimos dar gracias a Dios incluso en medio de la adversidad, nos volvemos más conscientes de las increíbles promesas que Él nos ofrece en su Palabra. Por ejemplo, recordamos que ha prometido que nunca nos dejará ni nos abandonará (ver Deuteronomio 31:6). Recordamos que nada puede separarnos del amor de Cristo (ver Romanos 8:38-39).

Si usted se siente todavía inseguro en cuanto al poder de la gratitud, intente un ejercicio sencillo. Mañana por la mañana tan pronto como se levante, comience su día tomándose unos minutos para orar y agradecerle a Dios porque incluso antes de haber dado su primer paso, usted camina en presencia del Señor. Agradezca a Dios porque ocúrrale lo que le ocurra durante este día, ocurrirá en la presencia de un Dios amoroso, todopoderoso, omnisciente, siempre presente y perfectamente santo.

¿Qué podría ser mejor que eso?

3. «Me mostrarás la senda de la vida; en tu presencia hay plenitud de gozo» (Salmos 16:11). ¿Cuánto ha experimentado usted la presencia de Dios en las últimas semanas? ¿Cómo le ha traído gozo esto?

....

....

....

....

....

....

....

....

....

....

4. «Así será mi palabra que sale de mi boca; no volverá a mí vacía, sino que hará lo que yo quiero» (Isaías 55:11). ¿Qué promesas de la Palabra de Dios han demostrado ser ciertas en su vida?

....

....

....

....

....

....

....

....

....

....

Agradecer nos motiva a ver los propósitos de Dios

La segunda razón por la que debemos dar gracias durante la adversidad es que ser agradecidos nos motiva a buscar el plan y los propósitos de Dios en todo lo que nos sucede.

Todos tenemos épocas en nuestras vidas en que pensamos: «¿Qué estás haciendo, Dios?». Todos tenemos momentos en que no entendemos las circunstancias o las situaciones que experimentamos. No comprendemos las razones detrás de la prueba, e incluso podemos preguntar si hay alguna razón para ella. Preguntamos: «¿Es accidental o fortuito lo que está sucediéndome?».

En tales momentos debemos recordarnos algunas verdades fundamentales acerca de Dios; concretamente, que Él es soberano sobre todas las cosas. Eso significa que Dios está consciente de todo lo que sucede en su vida y en la mía. Más que eso, Él lo controla todo. Puede cambiar las cosas si lo desea. Dios pudo haber dispuesto las cosas a fin de que usted no experimente tal adversidad, o pudo haberlo sacado de esa prueba hace mucho tiempo.

¿Por qué es importante eso? Porque Dios no lo haya alejado de tal adversidad, o que no haya puesto fin más pronto a la prueba, significa que *todo está saliendo de acuerdo con su plan*. Dios sabe cuándo usted experimenta adversidad; por lo tanto, puede confiar en que hay un propósito detrás de cualquier circunstancia que esté atravesando.

Con frecuencia nos conmociona tanto la aflicción que en lo único que pensamos es en salir de ella, pues en lo único que se nos ocurre pensar es en volver a sentirnos cómodos. *Dios, ¿por qué permites esto? Dios, ¿qué puedo hacer para que esto termine?* Pero cuando recordamos ser agradecidos incluso en medio del sufrimiento, cuando recordamos agradecer, se nos recuerda que Dios tiene un plan para nuestras vidas. Y sin duda ese plan incluye cualquier adversidad que experimentemos en este momento particular.

Dios no nos ha olvidado. Tampoco se olvidará alguna vez de nosotros. Por tanto, seamos agradecidos incluso cuando pasemos por pruebas, porque existe un propósito detrás de eso. Recordemos, lo que Pablo escribió en Romanos 8:28: «Sabemos que a los que aman a Dios, todas las cosas les ayudan a bien, esto es, a los que conforme a su propósito son llamados».

El único que puede prometer algo así es el Dios todopoderoso del universo. Con eso en mente, podemos declarar: «Señor, no comprendo lo que está ocurriendo ahora. No me gusta. Es doloroso. Pero aun así, voy a confiar en ti porque eres un Dios amoroso. Te agradeceré a pesar de todo lo que siento».

5. ¿Qué puede decir usted con certeza acerca del plan de Dios para su vida?

....

....

....

....

....

....

....

....

....

....

6. ¿En qué áreas le resulta difícil confiar en Dios? ¿Por qué?

....

....

....

....

....

....

....

....

....

AGRADECER NOS DA PODER PARA REGOCIJARNOS

Dar gracias durante la adversidad nos permite regocijarnos en medio de esa dificultad. Es más, la acción de gracias alimenta y fortalece nuestra capacidad de alegrarnos, lo cual en sí es otro gran antídoto contra la adversidad.

He aquí lo que quiero decir: el dolor y el sufrimiento que atravesamos en este momento pueden ser tan profundos, tan penetrantes y tan agotadores que cuando intentamos decirle a Dios que estamos agradecidos, no tenemos ganas de hacerlo. Únicamente expresaríamos palabras. ¿Cómo se siente Dios al respecto? Él comprende lo que estamos pasando. Él sabe cómo nos sentimos, y sabe cómo nos *gustaría* sentirnos. Lo maravilloso de nuestro Dios amoroso es que cuando ni siquiera podemos formular lo que nos gustaría expresar, Él escucha lo que queremos decir. Cuando nuestro dolor grita más fuerte de lo que podemos hablar, Dios aún nos escucha, aunque nadie más lo haga.

¿Qué debemos hacer entonces cuando no *sentimos* agradecimiento? Debemos seguir expresando nuestra gratitud. Debemos seguir dándole gracias a Dios... y debemos hacerlo una y otra vez. «Dios, sé que eres bueno, y te agradezco por esa bondad, aunque yo no comprenda lo que me sucede ahora mismo». «Dios, sé que me amas, y te agradezco por ese amor». «Dios, te agradezco por mi salvación».

Al seguir expresando nuestra gratitud, de repente comenzamos a comprender: «Dios mío, ¡me siento agradecido!». La acción de expresar gratitud nos llevará a sentirnos agradecidos e incluso nos dará la capacidad de regocijarnos en medio de la prueba. Esto no se debe a nosotros o a alguna fortaleza que tengamos, sino al Espíritu Santo que vive en nuestro interior. Y el proceso es el mismo: empezamos a regocijarnos con los labios. Y mientras más alabamos a Dios y nos alegramos, incluso en medio de los momentos más sombríos, más comenzamos a regocijarnos con nuestro corazón. Con nuestra alma. Con todo nuestro ser.

La gratitud lleva a regocijo, y regocijarnos es otra arma poderosa cuando nos esforzamos por superar la adversidad.

7. «Alabadle a son de bocina; alabadle con salterio y arpa. Alabadle con pandero y danza; alabadle con cuerdas y flautas. Alabadle con címbalos resonantes; alabadle con címbalos de júbilo. Todo lo que respira alabe a JAH» (Salmos 150:3-6). ¿Cuáles son algunas de sus maneras favoritas de alabar a Dios?

8. Pablo declara en Filipenses 4:4: «Regocijaos en el Señor siempre. Otra vez digo: ¡Regocijaos!». ¿De qué manera se cruza ese versículo con las instrucciones de Pablo en 1 Tesalonicenses 5:16-18?

....

....

....

....

....

....

....

....

....

....

....

AGRADECER NOS ENERGIZA CADA DÍA

Por último, nos ocurre algo importante cuando cada día damos gracias a Dios, y especialmente al expresar gratitud en momentos difíciles. Esto nos energiza. Nos fortalece. Nos cambia no solo físicamente, sino también emocional y espiritualmente.

Ahora, cuando digo que la acción de gracias nos vigoriza físicamente, eso es exactamente lo que quiero decir. Sé que en el mercado hay muchas bebidas energizantes y productos con cafeína, y cada día aparecen más y más. No tengo idea de si funcionan del modo que aseveran, pero sí sé lo que pasa cuando de modo intencional nos acostumbramos a expresar gratitud a Dios. Esto nos recarga. Nos vigoriza.

Tal situación tiene sentido cuando pensamos en la naturaleza del dolor, del sufrimiento, de la pena, de la desilusión y de la incredulidad. ¿Por qué? Porque nos consumen. Las emociones y las circunstancias negativas nos roban no solo nuestro gozo y nuestra paz, sino también nuestra energía física. Pero cuando confiamos en el Señor y lo miramos, cuando llegamos delante de Él con gratitud en nuestros corazones, es como si Él rellenara nuestros tanques.

Recordemos las palabras del profeta Isaías:

[Dios] da esfuerzo al cansado, y multiplica las fuerzas al que no tiene ningunas. Los muchachos se fatigan y se cansan, los jóvenes flaquean y caen; pero los que esperan a Jehová tendrán nuevas fuerzas; levantarán alas como las águilas; correrán, y no se cansarán; caminarán, y no se fatigarán. (40:29-31)

Nos sentimos absolutamente distintos cuando traemos gratitud a nuestra vida. Podemos caminar más lejos. Podemos correr más. Podemos hacer más. Pensamos en forma diferente. Nos regocijamos más. Podemos cantar. Ocurre algo maravilloso cuando podemos agradecer a Dios y alabarlo incluso cuando nada a nuestro alrededor parezca valer la pena como para agradecerle y alabarlo.

Y recordemos: si nos sentimos un poco escépticos respecto a esta idea, está bien. Pero asegurémonos de intentarla. Saquemos algún tiempo cada día para alabar a Dios y agradecerle, incluso especialmente durante esas jornadas difíciles. Veremos que lo que digo es cierto. Y estaremos más que agradecidos por ello.

9. ¿Cuándo se ha sentido usted especialmente energizado o fortalecido por una experiencia espiritual?

10. ¿Qué medidas puede tomar para hacer de la gratitud y la acción de gracias parte de cada día?

....

....

....

....

....

....

....

....

....

....

....

....

....

....

....

....

Nunca fuera de alcance

No sé dónde está usted en la vida. Pero sí sé esto: no se encuentra más allá del alcance de un Padre cariñoso, que lo ama lo suficiente como para enviar a su Hijo unigénito, Jesús, a morir en la cruz por usted. Cada vez que piense que usted no le importa a Dios, piense en la cruz, la cual es esta declaración del Señor para el mundo: «Te amo, te amo, te amo; y este es el camino hacia la vida eterna».

Dios está dispuesto a perdonar nuestros pecados sin importar lo que hayamos hecho. Está dispuesto a cambiar nuestra vida. Está dispuesto a convertir la peor clase de amargura, resentimiento y hostilidad hacia Dios en algo fantástico. Pero solo después de que nos rindamos a Él.

Y Él está dispuesto, y puede hacer esto, a fin de hacernos progresar incluso en las peores temporadas de adversidad, sufrimiento y dolor. Puede hacerlo, y lo hará. Podemos ayudar en ese proceso cuando usamos el arma secreta de la acción de gracias.

HOY Y MAÑANA

Hoy: Dios reconoce mi deseo de expresarle gratitud, aunque mis sentimientos no coincidan con mis palabras.

Mañana: De manera activa e intencional expresaré agradecimiento y me regocijaré esta semana durante un momento de adversidad.

ORACIÓN FINAL

Gracias, querido Dios, porque no descartas las adversidades de nuestras vidas hasta que hayas conseguido completamente tu propósito en nosotros. Ayúdanos hoy, Señor, a reconsiderar nuestra respuesta a la adversidad. Ayúdanos a agradecerte porque continuamente usas las pruebas que nos alcanzan para hacernos más conscientes de tu presencia y para que podamos ver tus propósitos. Fortalécenos con el fin de regocijarnos en todo y danos energía en cada jornada. Recuérdanos que las adversidades son la mayor motivación para nuestro crecimiento espiritual, y el más grande medio de conformarnos a tu semejanza. Amén.

OBSERVACIONES Y PETICIONES DE ORACIÓN

Use este espacio para escribir todos los puntos clave, preguntas o peticiones de oración del estudio de esta semana.

GRACIA PARA SEGUIR ADELANTE

EN ESTA LECCIÓN

Aprendizaje: ¿Está bien que claudique y me aleje de la adversidad que Dios ha permitido en mi vida?

Crecimiento: ¿Cómo puedo beneficiarme de la gracia de Dios durante tribulaciones y pruebas?

Uno de los valores de los que a muchos de nosotros nos gusta enorgullecernos es la renuencia a renunciar. Hacemos carteles motivacionales para nuestras oficinas y publicamos en línea lemas sobre la perseverancia: «¡No te rindas!». Ponemos en un pedestal a atletas cuando superan una lesión en lugar de tirar la toalla. Y recordamos por medio de la historia a líderes militares a quienes podemos convertir en héroes porque se negaron a rendirse, incluso hasta el punto de la muerte.

Observe que dije que tendemos a enorgullecernos del *valor* de negarnos a renunciar, en esa *idea*. No dije que nos enorgullecemos de negarnos a renunciar *a nosotros mismos*.

La realidad es que a menudo decidimos renunciar. Renunciamos a nuestras resoluciones de Año Nuevo (por lo general alrededor de la tercera semana de enero). Renunciamos a nuestros planes de lectura bíblica, a nuestros empleos y a nuestras relaciones. Es más, al igual que todos los demás en el mundo, tenemos la capacidad de renunciar a cualquier cosa que se vuelva muy difícil o incluso muy inconveniente.

Al concluir este estudio sobre aprender a superar la adversidad, es importante que hablemos de este tema de renunciar. ¿Por qué? Porque cuando atravesamos una circunstancia difícil vendrá un tiempo en que es probable que estemos listos a renunciar. Sucederá. Aunque sigamos todas las instrucciones y perspectivas que hayamos leído a lo largo de este estudio, aún sentiremos deseos de abandonar cuando nos enfrentamos con la adversidad.

Cuando llegue ese momento nos veremos obligados a tomar una decisión: abandonar o resistir. Como veremos en esta última lección, la única manera realmente efectiva de seguir adelante en esos momentos es confiar en la gracia de Dios.

LA GRACIA DEL SEÑOR BASTA

¿Cómo resistimos frente a la adversidad? Esa es la pregunta que debemos enfocar juntos en esta última lección. Para hacer eso retrocedamos a un pasaje de las Escrituras que ya visitamos en un segmento anterior de este estudio. Ya analizamos superficialmente 2 Corintios 12:7-10, pero ahora vamos a zambullirnos del todo en él:

> Para que la grandeza de las revelaciones no me exaltase desmedidamente, me fue dado un aguijón en mi carne, un mensajero de Satanás que me abofetee, para que no me enaltezca sobremanera; respecto a lo cual tres veces he rogado al Señor, que lo quite de mí. Y me ha dicho: Bástate mi gracia; porque mi poder se perfecciona en la debilidad. Por tanto, de buena gana me gloriaré más bien en mis debilidades,

para que repose sobre mí el poder de Cristo. Por lo cual, por amor a Cristo me gozo en las debilidades, en afrentas, en necesidades, en persecuciones, en angustias; porque cuando soy débil, entonces soy fuerte.

Piense por un momento en Pablo y en todo lo que logró para el reino de Dios. Piense en todos los discípulos que orientó. Piense en cuánto del Nuevo Testamento escribió por medio de la inspiración del Espíritu Santo. Ahora imagine al apóstol Pablo, este gigante de la fe, arrodillado orando y suplicándole a Dios que le quitara este aguijón en la carne. Tres veces oró al respecto. «Señor, quítalo por favor». «Señor, por favor quítalo». «Señor, por favor, por favor, por favor, elimina esto de mi cuerpo».

Pero luego mire la respuesta de Dios: «Bástate mi gracia».

Si usted está llevando la cuenta, ese es un «no». Esta es una de esas ocasiones en que Dios respondió directamente la oración de su hijo para declarar: «No, no voy a concederte lo que me pides». ¿Por qué? «Bástate mi gracia; porque mi poder se perfecciona en la debilidad».

¿Qué clase de respuesta es esa de parte de un Dios amoroso? ¿Qué clase de respuesta es esa para un siervo que, sin descanso y a gran costo personal, lo dio todo por la causa del evangelio? Si hubo un momento en que Pablo pensó en darse por vencido, pudo haber sido este.

1. «Respecto a lo cual tres veces he rogado al Señor, que lo quite de mí» (2 Corintios 12:8). ¿Se siente usted actualmente «débil» o angustiado por algún aspecto de su vida? ¿Cómo puede relacionarse con la situación que Pablo enfrentaba?

....
....
....
....
....
....
....
....
....

2. «Por la gracia de Dios soy lo que soy; y su gracia no ha sido en vano para conmigo» (1 Corintios 15:10). ¿Cómo se ha demostrado que la gracia de Dios «debe bastarle» en su vida?

....

....

....

....

....

....

NUESTRA COMPRENSIÓN DE LA GRACIA

La realidad de la situación de Pablo es que Dios tenía perfecto conocimiento de dónde estaba el apóstol y cuál era su necesidad. Quizás usted recuerde que él escribió en Filipenses 4:19 que estaba consciente de que su Dios le supliría todas sus necesidades según las riquezas en gloria en Cristo Jesús. ¿No es interesante cómo podemos usar ese versículo tan rápido cuando se trata de dinero y finanzas? Pero luego, cuando ya no quedan fondos y nos aquejan la angustia y el sufrimiento y nos sentimos desamparados y sin esperanza, de alguna manera ese versículo ya no parece cierto.

Tal vez la razón de que no sintamos que el versículo sea cierto sea que no comprendemos la gracia. *¿De qué se trata la gracia de Dios? ¿Qué significa que su «gracia nos debe bastar»?* Para comenzar, la gracia es bondad y gentileza de Dios para con nosotros. Nos la extiende sin considerar ningún mérito, ya que no es algo que merecemos. Es más, recibimos la gracia de Dios a pesar de lo que merecemos.

Además, la idea de que la gracia de Dios «basta» significa que nos da poder en cualquier cosa que necesitamos momento a momento en medio de nuestras circunstancias específicas. En otras palabras, la gracia de Dios es la provisión divina para nosotros en el punto y el momento de nuestra necesidad. ¿Cuánta provisión? *Suficiente;* es decir, adecuada, completa, desbordante y abundante. Dios no es tacaño. Usted y yo nunca hemos acudido a Él para verlo dándonos *apenas* lo suficiente. Dios afirma que su gracia proporcionará todo lo que necesitamos en nuestro momento de necesidad.

Pero he aquí la noticia realmente maravillosa: esta es una promesa universal de nuestro Dios. No le fue dada solo a Pablo. El Señor dio esa promesa a la iglesia, no solo a la iglesia en Corinto, sino a *toda* la iglesia, que incluye a todos los que han creído en Cristo para salvación. Esta es una promesa dada a todos los hijos de Dios.

Sin importar la magnitud de la adversidad que enfrentemos, Dios dice que estará allí en el momento de nuestra necesidad. Nos hará adecuados, suficientes, completos y capaces para atravesar determinado sufrimiento. Nos dará poder para no renunciar, para no abandonar, para no alejarnos, para no lanzar la toalla y para no hacer de lado la fe. Debido a la gracia de Dios podemos seguir adelante.

3. ¿Qué momentos de necesidad siente usted hoy agudamente en su vida?

....

....

....

....

....

....

4. ¿Cuándo ha experimentado la gracia y la provisión de Dios en una manera inesperada?

....

....

....

....

....

....

LA GRACIA DE DIOS SIGNIFICA QUE NUNCA DEBEMOS RENUNCIAR

En vista de la promesa que Dios nos hace, vamos a usar el resto de esta lección en examinar tres verdades específicas que debemos recordar acerca de la gracia de Dios. La primera es que debido a que

Dios se ha comprometido a colmarnos de su gracia en el momento de nuestra necesidad, no podemos justificar el hecho de darnos por vencidos o renunciar frente a la adversidad. Sin duda, eso es lo que hacemos a veces. Pensamos: «Dios no espera que yo aguante esto. Renuncio». Tiramos la toalla y nos alejamos.

Pero eso no está bien, porque Dios ha prometido suplir nuestras necesidades. Su gracia debe bastarnos y su fortaleza se perfecciona en nuestra debilidad. En su soberanía y conocimiento perfecto podemos saber que, si Él nos ha permitido experimentar una temporada de adversidad, hay una razón para eso. Por tanto, no debemos renunciar en medio de la aflicción.

Es posible que usted esté pensando: «¿Por qué haría Dios eso? ¿Por qué provocaría intencionalmente nuestras adversidades? ¿Por qué no nos sacaría de ellas lo más rápido posible?». Una razón es que aprendemos nuestras más grandes lecciones durante las pruebas más difíciles. Después de todo, ¿cuántas lecciones espirituales ha aprendido usted *de veras* cuando ha tenido suficiente dinero, una casa bonita, buena ropa, un auto precioso y simplemente todos lo amaron sin reservas? ¿Cuánto ha aprendido en esa clase de comodidad?

Probablemente no mucho. Pero ¿cuánto aprendió cuando las cosas cambiaron de repente y lo obligaron a postrarse delante del Dios todopoderoso, clamándole y pidiéndole que le ayude a superar la calamidad? ¿Cuánto aprendió cuando no tuvo más alternativa que confiar en las fuerzas del Señor? ¿En la suficiencia de Él? Es en tales momentos que comenzamos a aprender algo que no conocíamos antes acerca de Dios. Aprendemos sobre el amor que nos tiene en una manera que no habíamos sentido antes.

He aquí algo más que debemos recordar: cuando la adversidad ataca, Dios no necesariamente desea que seamos liberados. Eso no significa que no nos liberará de algunas cosas. Pero a menudo Dios quiere que veamos que lo que nos causa dificultades no es un tirano en nuestra vida. En realidad, puede ser un criado. La adversidad puede producir bendición y recompensa. ¿Cómo? Debido a la gracia de Dios que nos basta.

Cuando enfrentamos adversidades, Dios no quiere que nos hundamos bajo la prueba. Quiere que nos levantemos por sobre ella. Por eso es crucial que no renunciemos. Cuando decimos: «Me rindo, me voy, ya no quiero aguantar más esto», lo que estamos haciendo es permitir que la adversidad nos derribe.

La alternativa es que nos centremos en Dios y permitamos que nos levante por encima de todo. Y cuando hacemos eso, durante el proceso Él transformará absolutamente nuestra vida.

5. «Si resistimos, también reinaremos con él. Si lo negamos, también él nos negará» (2 Timoteo 2:12, NVI). ¿Qué significa *resistir* bajo las pruebas? ¿Qué promesa se nos da en este pasaje para resistir por causa de Cristo?

6. ¿Cómo se ve en un nivel práctico que una persona «renuncie» en medio de la adversidad? ¿Qué lecciones o verdades espirituales acerca de Dios ha aprendido usted en los últimos meses como resultado de perseverar?

LA GRACIA DE DIOS PRODUCE CONFIANZA EN NOSOTROS

Lo segundo que la gracia hace en nuestras vidas es que enciende en nosotros un espíritu de confianza. Este nos ayuda a declarar: «¿Sabe qué? Voy a confiar en Dios a pesar de estar sufriendo esto. Dios va a guiarme a través de esta prueba y pase lo que pase me llevará a un lugar de victoria».

Pedro experimentó esto de un modo asombroso. ¿Recuerda lo que sucedió la noche en que Jesús fue arrestado por las autoridades religiosas? Pedro negó tres veces incluso que conocía a su Señor. Estaba nervioso y asustado, por lo que se disoció de su Salvador. Luego, cuando se dio cuenta de lo que había hecho, la Biblia dice que lloró amargamente.

Por supuesto, Jesús sabía que esto iba a suceder. Es más, Jesús *le dijo a* Pedro que esto ocurriría. Pero hay algo muy interesante que Jesús dijo durante ese momento en el aposento alto cuando predijo el fracaso de Pedro: «Pero yo he rogado por ti, que tu fe no falte; y tú, una vez vuelto, confirma a tus hermanos» (Lucas 22:32).

¿Ve usted la gracia rebosando en este momento? Jesús sabía que Pedro estaba a punto de negarlo. Aun así, oró porque Pedro se fortaleciera a través de ese momento de adversidad, para que su fe no le faltara, de modo que no se *rindiera* durante el difícil período que le esperaba.

Esa es la gracia de Jesús. Es un favor inmerecido.

¿Puede usted imaginar la confianza que Pedro experimentó cuando todo pasó y recibió el perdón de Jesús? ¿Puede ver cómo la gracia de Jesús se encendió y fortaleció a Pedro para que perseverara a través de cualquier dificultad, incluso hasta su propia muerte por Cristo?

Podemos sentir la confianza de Pedro cuando leemos sus epístolas, incluso este pasaje: «Amados, no os sorprendáis del fuego de prueba que os ha sobrevenido, como si alguna cosa extraña os aconteciese, sino gozaos por cuanto sois participantes de los padecimientos de Cristo, para que también en la revelación de su gloria os gocéis con gran alegría» (1 Pedro 4:12-13).

7. ¿Qué razones tiene usted hoy día para confiar en Cristo?

....

....

....

....

....

....

....

....

8. ¿Qué pasos pueden dar los cristianos para acceder intencionalmente al gozo y la confianza en medio de adversidad?

....

....

....

....

....

....

....

....

LA GRACIA DE DIOS MANTIENE NUESTRA MIRADA EN EL PADRE

El tercer beneficio que recibimos de la gracia de Dios frente a las adversidades es que nos mantiene con la mirada en el Padre. La gracia nos ayuda a quitar los ojos del problema, la angustia, la prueba, el aguijón. Nos ayuda a enfocarnos en el Creador soberano de este universo. La gracia nos mantiene enfocados en Dios y en la verdad de que Él tiene una razón, un propósito y un plan para permitir que padezcamos adversidades.

Usted puede estar pensando: «Pero usted no sabe lo que estoy pasando». Por supuesto que no lo sé. Pero puedo afirmar esto: he vivido lo suficiente y he pasado muchas cosas en mi vida como para saber que lo que Dios dice siempre es verdad, que si lo ha prometido, sucederá. Dios no expresa cosas en la Biblia para darnos un poco de ánimo vacío. No, su gracia es una clase práctica, realista y válida para cada día. Funciona, sin importar cuándo, dónde, qué, por qué o quién.

Pero ¿cómo funciona? Para empezar, la gracia está allí para recordarnos que Dios nos llevará a través de esta circunstancia, cualquiera que enfrentemos. El soberano Dios, el Creador de todo, ha prometido hacer que superemos esto, y vamos a salir al otro lado con una sensación de mayor intimidad con Él. Una sensación mayor de fe. En otras palabras, a causa de esta adversidad nuestra fe será más fuerte y nuestra intimidad con Dios será más profunda que nunca antes.

Esto es lo que sucede cuando mantenemos nuestro enfoque en Él durante las pruebas, y eso es exactamente lo que la gracia nos ayuda a hacer. La gracia de Dios basta. Es suficiente para liberar su poder, alentar nuestros corazones, recordarnos sus promesas y aquellas cosas que son tan esenciales que debemos creer y comprender.

Otra manera en que la gracia funciona en llevarnos hacia el Padre es que nos abraza con la seguridad de que Dios es soberano y que solo permitirá cierta cantidad de dolor, angustia y cargas. Únicamente permitirá lo que sabe que usted y yo podemos soportar cuando dependemos de Él, no con nuestras propias fuerzas sino con su fortaleza.

9. «Todas las cosas que pertenecen a la vida y a la piedad nos han sido dadas por su divino poder, mediante el conocimiento de aquel que nos llamó por su gloria y excelencia, por medio de las cuales nos ha dado preciosas y grandísimas promesas, para que por ellas llegaseis a ser participantes de la naturaleza divina» (2 Pedro 1:3-4). ¿Qué significa personalmente este pasaje para usted? ¿De qué maneras específicas han demostrado ser ciertas en su propia vida las promesas de Dios?

10. ¿Qué pasos prácticos dará usted esta semana para cambiar intencionalmente su enfoque hacia su Padre celestial?

Recordemos que Dios es soberano. Permitamos que su gracia nos envuelva con la seguridad de que hay un límite para la adversidad. Miremos al Padre y escuchémosle decir: «Vas a lograrlo. Todo estará bien».

HOY Y MAÑANA

Hoy: La gracia de Dios está a mi total disposición en el momento de mi necesidad.

Mañana: Estaré consciente de mi deseo de rendirme y, con la ayuda de Dios, decidiré seguir adelante.

ORACIÓN FINAL

Padre celestial, oramos hoy día por quienes atraviesan toda clase de dificultades. Ayúdanos a comprender realmente las profundidades de tu gracia y a saber que esta debe bastarnos para cualquier problema o crisis que enfrentemos. Ayúdanos a creer por fe que siempre tienes un propósito para las pruebas que soportamos, y ayúdanos a no rendirnos sino a seguir buscándote en medio de ellas. Queremos ser sumisos y estar dispuestos y rendidos a tu voluntad. Queremos que tu propósito mayor se manifieste hoy día en nuestras vidas. Oramos esto en el nombre de Jesús y por su causa. Amén.

Observaciones y peticiones de oración

Use este espacio para escribir todos los puntos clave, preguntas o peticiones de oración del estudio de esta semana.

Guía del líder

Gracias por querer liderar su grupo a través de este estudio bíblico del Dr. Charles F. Stanley sobre *Cómo avanzar en la adversidad*. Las recompensas de ser líder son diferentes de las de participar, y es nuestra oración que con esta experiencia se profundice su propio caminar con Jesús. Durante las doce lecciones de este estudio usted ayudará a los miembros de su grupo a explorar temas clave relacionados al asunto de aflicciones, retos y adversidades por medio de las enseñanzas del Dr. Charles Stanley, y a revisar preguntas que estimularán el debate en grupo. Hay varios componentes en esta sección que pueden ayudarle a estructurar sus lecciones y su tiempo de debate, así que asegúrese por favor de leer y reflexionar en cada enseñanza.

Antes de comenzar

Antes de su primera reunión, asegúrese de que cada uno de los miembros del grupo tenga un ejemplar de *Cómo avanzar en la adversidad,* de modo que pueda seguir la guía de estudio y tener con anticipación las respuestas escritas. Alternativamente, usted puede entregar las guías de estudio en la primera reunión y dar a los miembros del grupo algún tiempo para revisar el material y hacer preguntas preliminares. En la primera reunión asegúrese de hacer circular una hoja por el salón en la que los miembros escriban su nombre, número telefónico y dirección de correo electrónico para que usted pueda mantenerse en contacto con ellos durante la semana.

A fin de garantizar que todos tengan la oportunidad de participar en el debate, el tamaño ideal para un grupo es alrededor de ocho a diez personas. Si hay más de diez participantes, divida el grupo grande en subgrupos más pequeños. Asegúrese de que los miembros estén comprometidos a participar cada semana, ya que esto ayudará a crear estabilidad y a preparar mejor la estructura de la reunión.

Al principio de cada reunión podría comenzar el tiempo de grupo pidiendo a los miembros que proporcionen sus reacciones iniciales al material que han leído durante la semana. El objetivo es simplemente obtener las ideas preliminares que se les haya ocurrido; así que anímelos en este punto a dar respuestas breves. Lo ideal es que usted disponga que todos en el grupo tengan la oportunidad de participar algunas de sus reflexiones; por tanto, intente que las respuestas duren máximo un minuto.

Ofrézcales a los miembros del grupo una oportunidad de contestar, pero dígales que se sientan en libertad de no participar si lo desean. Con el resto del estudio, generalmente no es buena idea hacer que todos respondan cada pregunta... es más aconsejable un debate fluido. Sin embargo, con las preguntas iniciales para romper el hielo usted puede dar la vuelta al círculo. Anime a las personas tímidas a hablar, pero no las obligue. Además, trate de evitar que una sola persona domine el debate, de modo que todos tengan la oportunidad de participar.

Preparación semanal

Como líder del grupo hay algunas cosas que usted puede hacer con la finalidad de prepararse para cada reunión:

- *Familiarícese muy bien con el material de la lección.* A fin de saber cómo estructurar el tiempo del grupo y estar preparado para liderar el debate, asegúrese de entender el contenido de cada lección.

- *Determine con anticipación qué preguntas desea debatir.* Dependiendo de cuánto tiempo tenga cada semana, tal vez no pueda reflexionar en cada pregunta. Seleccione preguntas específicas que crea que evocarán el mejor análisis.

- *Solicite peticiones de oración.* Al final del debate solicite peticiones de oración a los miembros de su grupo y luego oren unos por otros.

- *Ore por su grupo.* Ore por los participantes a lo largo de la semana y pida que Dios los guíe cuando estudien su Palabra.

- *Lleve suministros adicionales a la reunión.* Los miembros deben llevar sus propios bolígrafos para hacer anotaciones, pero es buena idea tener algunos adicionales para quienes los olviden. También es bueno llevar papel y biblias adicionales.

ESTRUCTURACIÓN DEL TIEMPO DE DEBATE GRUPAL

Con el fin de planificar el tiempo, usted debe determinar con su grupo durante cuánto tiempo desean reunirse cada semana. Por lo general, en la mayoría de grupos las reuniones duran entre sesenta y noventa minutos, de modo que podrían usar una de las siguientes programaciones.

SEGMENTO	60 minutos	90 minutos
BIENVENIDA (los miembros del grupo llegan y se acomodan)	5 minutos	10 minutos
ROMPEHIELOS (los miembros del grupo comparten sus ideas iniciales con relación al contenido de la lección)	10 minutos	15 minutos
DEBATE (analicen las preguntas del estudio bíblico que usted seleccionó por anticipado)	35 minutos	50 minutos
ORACIÓN/CIERRE (oren juntos como grupo y despídanse)	10 minutos	15 minutos

Como líder del grupo, a usted le corresponde controlar el tiempo y mantener la dinámica de la reunión según la programación que se haya escogido. Si el debate de grupo se vuelve interesante, no intente detenerlo a fin de continuar con la siguiente pregunta. Recuerde que el propósito es unificar ideas y tener en común perspectivas exclusivas sobre la lección. Estimule a todos los miembros a participar, pero no se preocupe si algunos de ellos se muestran más callados. Podrían estar reflexionando interiormente en las preguntas y tal vez necesiten más tiempo para procesar sus ideas antes de poder expresarlas.

Dinámica de grupo

Liderar un estudio grupal puede ser una experiencia gratificante para usted y los miembros del grupo, pero eso no significa que no se presentarán retos. Ciertos participantes podrían sentirse incómodos cuando se debaten temas que consideran muy personales y podrían sentir temor de que les pidan su opinión. Algunos otros podrían tener desacuerdos sobre temas específicos. Con el fin de evitar estos escenarios, considere establecer las siguientes reglas básicas:

- Si alguien tiene una pregunta que parezca salirse del tema, sugiera que se debata en otro momento, o pregunte a los miembros del grupo si están de acuerdo con tocar ese tema.

- Si alguien hace una pregunta para la que usted no conoce la respuesta, confiese que no la sabe y siga adelante. Si se siente cómodo, puede invitar a otros miembros del grupo a dar sus opiniones o hacer comentarios basados en sus experiencias personales.

- Si usted siente que un par de personas intervienen más que las demás, haga preguntas a quienes tal vez no hayan participado todavía. Incluso podría pedir a los miembros más dominantes que le ayuden a hacer participar a los más callados.

- Cuando haya un desacuerdo, anime a los miembros a procesar el asunto en amor. Invite a los participantes de lados opuestos a evaluar sus opiniones y considerar las ideas de los demás miembros. Dirija al grupo a través de Escrituras que traten el tema, y busque puntos en común.

Cuando surjan problemas, anime al grupo a seguir estas palabras de la Biblia: «Un mandamiento nuevo os doy: Que os améis unos a otros» (Juan 13:34), «Si es posible, en cuanto dependa de vosotros, estad en paz con todos los hombres» (Romanos 12:18), «Todo lo que es verdadero [...] honesto [...] justo [...] puro [...] amable [...] lo que es de buen nombre; si hay virtud alguna, si algo digno de alabanza, en esto pensad» (Filipenses 4:8) y «Todo hombre sea pronto para oír, tardo para hablar, tardo para airarse» (Santiago 1:19). Esto hará el tiempo de grupo más gratificante y beneficioso para todos todos los miembros.

Gracias otra vez por su disposición de liderar el grupo. Que Dios le recompense sus esfuerzos y su dedicación, lo prepare para guiar al grupo en las próximas semanas y haga que el tiempo juntos en *Cómo avanzar en la adversidad* sea fructífero para el reino de Dios.